AF385558

LE BUDGET

ET

LA CENTRALISATION

PAR CH. RICHELET.

PARIS

GARNIER FRÈRES, LIBRAIRES,

215, Palais-National; rue Richelieu, 10.

1850.

Nous ne nous dissimulons pas combien ce livre, s'il obtenait les honneurs d'une véritable publicité, rencontrerait d'adversaires, car il a l'inconvénient de ne défendre aucun parti, et de blesser, au contraire, beaucoup d'intérêts individuels.

Il a le tort de vouloir enlever, aux hauts dignitaires de l'Etat, le droit usurpé de maintenir la France sous une tutelle minutieuse , contraire à ses intérêts matériels.

Il a le tort de vouloir réduire à une proportion raisonnable , l'innombrable armée des fonctionnaires publics ; de demander que la majeure partie soit soumise à l'élection directe ou indirecte des gouvernés, pour mieux obtenir leur confiance ; de vouloir frapper les gros traitements et de rendre un certain nombré de fonctions honorifiques.

Il a le tort de vouloir enlever aux hommes d'action , poussés par l'ambition ou l'intérêt privé, la faculté de se satisfaire en employant l'intrigue , ou un semblant de dévouement au Pouvoir, et de les forcer , pour arriver au même but, à acquérir l'estime et la considération de leurs concitoyens.

Il a le tort d'ôter aux pères de familles, quelle que soit la classe à laquelle ils appartiennent, l'envie de destiner leurs enfants à devenir des pensionnaires du budget, et de les forcer, au contraire, à leur ouvrir une carrière utile à la société.

Il a le tort de vouloir introduire, dans le système gouvernemental, des modifications qui nécessairement nuiraient à l'importance d'une foule d'individus toujours prêts à faire métier de leurs utopies dangereuses.

Il a le tort de vouloir enlever, à l'oisiveté des rentiers, une partie des bénéfices privilégiés que l'activité de l'agriculture et du commerce peuvent à peine produire avec d'énormes charges.

Il a le tort, tout en demandant des sacrifices au capital, de le considérer comme une propriété aussi inattaquable que la propriété du sol.

Il a le tort, enfin, de vouloir mettre obstacle aux espérances des fauteurs d'émeute, toujours prêts à semer la discorde, pour, *en un tour de main*, s'emparer du timon des affaires, et imposer leurs volontés désastreuses à la France, sans consulter ses trente-cinq millions d'habitants.

Il marche droit en avant et ne ménage aucun parti.

Son seul mérite est d'être l'expression consciencieuse d'une conviction sincère ; son but, d'attirer l'attention sur une foule de vérités que beaucoup sentent peut-être, mais que peu osent exprimer. Il est écrit dans l'intérêt du peuple, et le peuple, comme nous l'avons dit en une autre circonstance , c'est *lui*, c'est *vous* , c'est *moi* , abstraction faite d'individualités , abstraction faite du pauvre ou de l'opulent, de l'ouvrier ou de l'homme d'Etat : c'est la nation tout entière.

I

Monarchie, Aristocratie, Démocratie, telles sont les trois grandes formes de gouvernement; elles se divisent ensuite et se combinent de mille manières différentes.

La Monarchie peut être absolue ou constitutionnelle, héréditaire ou élective, temporaire ou à vie. Elle peut être aristocratique ou démocratique, elle peut être aristocratique et démocratique à la fois. La Monarchie est le gouvernement d'un état par un seul homme; si elle est absolue, le prince rapporte tout à lui, ses Ministres n'ont d'autre volonté que la sienne, d'autres désirs que celui de se maintenir dans ses bonnes grâces, d'autre responsabilité que celle de remplir fidèlement ses ordres.

La Monarchie absolue n'est pas aristocratique comme on le croit assez généralement, elle n'aime pas l'opposition, elle se met volontiers en lutte contre tout ce qui tend à lui disputer une partie de son pouvoir, et l'Aristocratie est, de sa nature, fort envahissante. Napoléon, sauf la forme, fut assurément un monarque très-absolu; ce sont les grands qui l'ont trahi et l'ont conduit à sa perte, malgré tous les bienfaits dont il les avait comblés. Il s'en méfiait et il avait raison; mais il comptait sur le peuple français, car il l'avait élevé au premier rang des nations; aussi, dans ses moments de détresse, eut-il toujours recours au peuple, et le peuple fit des efforts surhumains pour le sauver.

La Monarchie absolue, quand elle se rend indépendante des lois fondamentales, a le grave inconvénient de conduire au despotisme; mais, si elle se renferme dans de justes limites, si, n'abusant pas de ses droits, le prince se considère comme le premier Magistrat de la na-

tion, elle a l'immense avantage de mettre un frein
puissant à l'anarchie , d'empêcher les factions ,
dont les efforts demeureraient sans résultat, de
jeter le trouble dans les esprits, et de maintenir
partout une sécurité sans laquelle il n'y a pas
de prospérité possible.

Un autre désavantage des gouvernements
absolus c'est de concentrer , dans les mains
d'un seul homme , et dans les mains de ses
agents directs , toutes les forces, tous les pouvoirs , toute la vitalité de la nation , car c'est un
moyen de pervertir les mœurs publiques , d'enlever aux hommes le sentiment de leur valeur
personnelle et de les amener à ne s'occuper que
de leurs intérêts privés, sans songer à l'intérêt
général. Un gouvernement Constitutionnel qui
veut suivre les mêmes errements porte une
atteinte grave aux bases sur lesquelles repose
son origine ; il arrive infailliblement à un systême de corruption, et, tôt ou tard , il succombe
sous l'excès même des pouvoirs qu'il s'est in-
dûment arrogés. Sous un gouvernement purement démocratique, l'erreur est bien plus grave
encore et ne peut manquer d'entraîner, à sa
suite , après les convulsions plus ou moins lon-

gues de l'agonie , des désordres sans nombre au milieu desquels doit bientôt triompher l'Anarchie.

L'indépendance relève le moral d'un peuple, la servitude l'abrutit ; l'une enfante les héros , l'autre produit les lâches ; la première est la source de l'énergie et du bien-être public , la seconde entraîne toujours après elle la paresse et la misère ; celle-ci courbe la tête sous l'avilissement du despotisme , celle-là ne peut vivre grande et forte que sous l'empire de la loi. Mais pour que la loi elle-même ne lui semble pas une chaîne difficile à supporter , il faut savoir lui en abandonner l'application , en laissant une véritable liberté descendre jusqu'aux derniers anneaux de la hiérarchie sociale.

Tous les peuples commencent par se soumettre à une Monarchie absolue , puis l'Aristocratie cherche à empiéter sur les droits du prince et balance souvent son pouvoir ; et cependant , dans nos gouvernements modernes , on a cru possible d'allier les trois éléments et de les faire subsister ensemble. Chacun d'eux vante ses droits , mais ne sait pas les mesurer , de là des divisions continuelles qui ne peuvent laisser espérer ni repos ni trève. Ces trois rivales, une fois entrées en lutte, ne cessent de se poursuivre et de se combattre, et la guerre ne finit que quand deux d'entre elles ont été entièrement anéanties. Tant que l'Aristocratie et la Démocratie restent subordonnées à la royauté et ne viennent apporter qu'une voix consultative dans les affaires de l'Etat, leur mélange peut offrir de grands avantages, mais dès qu'elles se croient égales en droit et en force, il faut de toute nécessité que l'une d'elles succombe.

Si l'autorité gouvernementale voulait se borner à provoquer la création des lois par les mandataires de la nation, à se considérer comme la dépositaire sacrée de leur inviolabilité, tout en laissant aux officiers du peuple le droit de les appliquer, elle n'en serait ni moins forte ni moins puissante, elle allégerait la pénible tâche dont elle est chargée, elle trouverait partout un appui sincère; car le peuple, se sentant l'auteur et l'exécuteur de la loi, en deviendrait le protecteur naturel, et, il faut bien en convenir, il ne peut y avoir de lois justes si elles ne se maintiennent par l'agrément et pour le bien-être de la majorité.

La Monarchie constitutionnelle offre donc un mélange plus ou moins également réparti de Royauté , d'Aristocratie et de Démocratie , liées ensemble au moyen d'un contrat octroyé par le prince, ou librement consenti entre les trois parties intéressées. Un grand nombre d'habiles politiques des temps anciens et des temps modernes ont considéré cette forme de gouvernement comme la plus parfaite , et elle le serait en effet si les trois pouvoirs dont elle se compose , pouvaient toujours être justement pondérés. Mais ici la Royauté, se trouvant dépouillée d'une partie de ses attributs naturels , a besoin de trouver un point d'appui et elle le cherche dans l'Aristocratie que sa position rapproche naturellement du trône ; dèslors la Démocratie se croit bientôt opprimée , elle use et souvent abuse de certains droits qui lui sont réservés ; elle se lance dans l'arène, sans mesure et sans calcul, sous les prétextes les plus frivoles, et déclare à ses deux rivales une guerre acharnée. Il faut que , tôt ou tard, l'un des deux partis belligérants soit vaincu : si c'est la royauté, elle se sauve , parfois , en accordant des concessions nouvelles; si c'est le peuple, il voit avec dépit mettre des entraves à ses libertés , mais il finit toujours par prendre une cruelle revanche.

Sans partager complètement l'opinion du Czar Nicolas , nous croyons pouvoir reproduire ici ce qu'il disait à Varsovie : « La République est faite pour les peuples majeurs et le despotisme , entre les mains d'un honnête homme , pour les peuples mineurs ; mais rien de plus impossible que la Monarchie constitutionnelle , car elle est une fiction , et l'on ne peut gouverner les hommes avec un mensonge. »

La Monarchie constitutionnelle , sous laquelle la France consentit à vivre pendant plus de trente ans, ne pouvait manquer de succomber, dès qu'elle n'avait pas voulu se séparer de l'élément centralisateur qui fait la base des Monarchies absolues. Deux fois, nous avons eu la preuve de cette vérité. Charles X , après cinq années seulement d'un règne prospère , au moment où ses armes triomphantes venaient , pour venger une injure faite à un simple envoyé diplomatique , de conquérir une nouvelle terre à la France, au moment où lui et ses familiers croyaient un seul signe de sa volonté suffisant pour faire trembler tous ses sujets , se voit brutalement renversé de son trône par une émeute dans les rues de Paris , traverse une partie de son royaume , sans y rencontrer le moindre appui, et retourne en un exil dont toute sa jeunesse avait fait le pénible apprentissage.

L'émeute étonnée de sa victoire, embarrassée de son triomphe, se jette, en échange de quelques concessions sans importance, entre les bras du premier qui lui tend la main. Ce fut un véritable changement à vue; de nouveaux acteurs succédèrent aux premiers sur la scène, des positions acquises firent place à des positions nouvelles, aussi le crédit s'en émut-il à peine. Il n'y eut, du reste, aucune modification dans le systême gouvernemental; et c'était là ce qui, tôt ou tard, devait entraîner une nouvelle ruine.

La Monarchie est héréditaire, quand les enfants du prince régnant sont appelés à lui succéder par ordre de primogéniture. Dans plusieurs monarchies, les femmes, comme les hommes, ont droit au trône; chez d'autres, où l'on observe la loi salique, les enfants mâles seuls sont appelés à porter la couronne. L'hérédité est le mode de succession le plus naturel et celui qui présente le moins d'inconvénients.

La Monarchie élective serait assurément la plus juste et la meilleure, si elle ne donnait pas lieu à mille intrigues , si elle n'occasionnait pas des troubles continuels, si elle n'était pas une source de complots pour toutes les ambitions , si les choix devaient toujours se porter sur l'homme le plus méritant.

La Monarchie élective est celle où la couronne se transmet par les suffrages de la nation ; elle est ordinairement à vie , mais elle pourrait aussi être temporaire , et , sauf le nom , il serait facile d'en citer un exemple.

L'Aristocratie est une forme de gouvernement où une caste privilégiée s'occupe seule des affaires de l'Etat, et peut seule participer aux plus hautes fonctions. Il y a plusieurs sortes d'aristocraties, l'une de naissance, l'autre d'intelligence, l'autre encore de fortune. L'Aristocratie dégénère en oligarchie , lorsqu'un petit nombre de citoyens usurpent le pouvoir et gouvernent suivant leurs intérêts et leurs passions. Un gouvernement monarchique , où le prince n'aurait aucun droit d'initiative , et qui laisserait à quelques ministres le soin de diriger les affaires publiques , ne serait autre chose qu'un gouvernement oligarchique.

La Démocratie est le gouvernement du peuple sans distinction de castes, donnant à tous, au même degré, le droit d'exercer leurs facultés intellectuelles. Tant qu'elle marche dans les limites de l'ordre, et qu'elle reste soumise aux lois dont elle confie l'organisation à ses élus, elle présente un tel sentiment de justice, que tous les cœurs généreux se rattachent à elle et lui prêtent un sincère appui. Cependant elle est entourée d'immenses inconvénients, au nombre desquels il suffit de signaler la lenteur des délibérations, la subdivision des intérêts, l'impossibilité d'une sage prévoyance, le manque d'exécution rapide dans les circonstances périlleuses, la difficulté du secret, le jeu des passions, toujours en haleine, d'où naît une basse envie et une pitoyable ingratitude à l'égard des hommes le plus justement recommandables. De là des luttes acharnées contre le Pouvoir, de là des prétentions exagérées pour arriver à la direction des affaires, de là une inquiétude incessante et ruineuse pour la sécurité de l'avenir.

La vertu et la probité, toujours en butte aux tracasseries des ambitieux et des intrigants, sont rarement entourées de la faveur populaire. Aristides, qui avait eu l'honneur de recevoir le surnom glorieux de *Juste*, fut un exemple frappant de cette vérité. Appelé pour subir le jugement du peuple, il se trouvait confondu dans la foule, quand un homme dont il était inconnu, trop ignorant pour écrire lui-même, vint le prier de tracer sur sa coquille un vote portant l'exil d'Aristides. — Et que vous a-t-il fait, lui demanda froidement le philosophe? — Rien, mais je lui en veux d'avoir travaillé avec tant d'ardeur à mériter le surnom de *Juste*, de préférence à tout le monde. — Aristides sourit de pitié et écrivit sa sentence.

Une foule de factions travaillent sans relâche à renverser celle qui domine, afin de prendre sa place. Chacun, malgré soi, se trouve entraîné dans le torrent ; il n'y a plus de garantie pour personne, toutes les spéculations en dehors de la politique sont anéanties, faute de confiance ; le goût des beaux-arts disparaît peu à peu ; la littérature se trouve concentrée dans l'art oratoire et dans les factums éphémères. Les arts industriels sont négligés, et l'on finirait, pour peu que cet état de choses durât un siècle, par ne pas trouver un artiste capable de produire une œuvre de mérite, un ouvrier assez habile pour exécuter un objet de luxe. Après les bouleversements populaires successifs qui avaient désolé Rome, sous le règne de Dioclétien, par exemple, on était obligé d'appeler des ouvriers des pays étrangers ; tous les objets de consommation, faute de concurrence, et de gens qui voulussent s'en occuper, étaient devenus d'un prix excessif. Une paire de souliers de paysan ne se vendait pas moins de 27 fr., un maçon se faisait payer 11 fr. 25 c. pour sa journée, et une oie grasse se vendait 45 fr. au marché.

La Démocratie ne se contente jamais, le lendemain, des libertés auxquelles elle aspirait la veille ; tous les pouvoirs lui sont insupportables, celui qu'elle accueille un moment avec le plus d'enthousiasme, est celui contre lequel elle s'élèvera bientôt avec le plus de violence ; et, comme elle marche toujours à la recherche d'un bien-être qu'elle ne rencontre jamais au gré de ses désirs, elle ne tarde pas à confondre la liberté avec la licence, et finit par tomber dans les tiraillements de l'anarchie, pour aller expirer ensuite entre les bras nerveux du despotisme ou de la tyrannie.

Ennemie du nom même où elle croit découvrir un maître, la Démocratie ne pense pouvoir vivre autrement qu'en République ; c'est une erreur non moins grave que de croire la République inséparable de la Démocratie. Peut-être la Démocratie trouverait-elle, au contraire, dans le principe monarchique, un élément de force et de vitalité, comme l'Aristocratie pourrait en trouver un avec la forme républicaine.

Le mot République n'offre pas, d'ailleurs, en lui-même, un sens complet dans la langue politique. Il faut bien s'entendre sur les termes pour ne pas commettre, à chaque instant, des erreurs d'expression. La République peut être démocratique, oligarchique, aristocratique et même sociale, bien que nous ne comprenions pas trop cette dernière forme, si ce n'est qu'elle correspond à peu près à l'Anarchie, c'est-à-dire, au mépris de toutes les lois divines et humaines qui font la base des Sociétés.

La superbe Venise, au temps de sa haute puis-

sance , vivait en République , mais le peuple
restait étranger aux affaires ; l'Aristocratie seule
avait le droit d'y participer. Un état à la tête duquel se trouverait un prince héréditaire , chargé
de diriger et de maintenir l'unité gouvernementale , de traiter la politique étrangère, d'organiser
la force publique et de promulguer les lois votées
par les chambres électives , tout en laissant aux
départements et aux communes le droit de faire
exécuter ces lois par des hommes auxquels ils
auraient donné leur confiance , serait , à n'en
pas douter , un gouvernement véritablement sage,
où la Démocratie trouverait la juste part à laquelle elle puisse raisonnablement aspirer.

Le gouvernement républicain peut , sans doute,
procurer de grands avantages à un peuple au
moment où il se forme avec les éléments d'une
certaine civilisation , quand les mœurs n'ont pas
eu le temps de se corrompre , quand l'esprit public règne au bénéfice de l'intérêt général , quand
chaque citoyen n'a pas laissé abatardir son honneur sous la compression de l'égoïsme. Il n'en
est pas de même si la République vient à succéder, au milieu d'un grand empire, à une monarchie
de plusieurs siècles ; c'est un large pas fait vers la

décadence , c'est un signe précurseur de la perte de sa nationalité dans un terme plus ou moins rapproché. L'abbé Galiani était beaucoup moins paradoxal qu'on ne l'a supposé , en disant : « L'histoire moderne n'est que l'histoire ancienne avec d'autres noms. »

C'est surtout durant les premières phases de sa liberté qu'une République peut offrir des traits nombreux de vertus civiques , des preuves du plus noble héroisme ; c'est encore , si elle arrive à s'affermir , quand elle sent venir du dehors le danger de perdre cette même liberté qu'elle a achetée au prix de tant de labeurs , de sacrifices, de privations et de misères : mais si elle parvient à vivre en paix , tout tombe bientôt dans l'indolence la plus complète , l'intérêt particulier finit par absorber l'intérêt général , la jalousie , excitée par l'inégalité des fortunes, porte partout le désordre : le désir d'occuper les fonctions de l'État , l'ambition des honneurs sont surexcités au plus haut point et ne permettent pas de compter sur la sécurité du lendemain sans laquelle un peuple ne peut jamais atteindre au sommet de la puissance. L'existence des Républiques veut donc une agitation perpétuelle ; elles sont empreintes d'une surabondance d'activité qui a besoin d'être sans cesse en mouvement.

Il n'est cependant pas dans la nature d'une République de devenir conquérante , car elle finit, tôt ou tard , par être la victime de ses propres triomphes. Elle doit se borner à concentrer ses forces pour défendre son territoire, ou elle s'expose à voir infailliblement ses libertés disparaître sous le despotisme du sabre , comme autrefois la République romaine ; ou à s'anéantir sous ses ruines, après de nombreuses défaites , comme la riche Carthage ; ou à devenir la proie d'un vainqueur comme la superbe Athènes , la magnifique Thèbes , la belliqueuse Sparte , qui eurent le tort de se laisser emporter par l'orgueil d'étendre leur domination sur le reste de la Grèce et de pousser leurs conquêtes en Italie et en Sicile.

Une République démocratique , dont la base reposerait sur les fondements ébranlés et vieillis de la Monarchie , et qu'on jetterait tout-à-coup à la tête d'un peuple mal préparé pour la recevoir , n'aurait aucune chance de durée et devrait bientôt périr , faute de s'être étayée sur l'élément qui lui aurait donné la vie.

On sentait si bien le besoin des réformes
sous le dernier règne , que , sans aborder toutes
les questions vitales , on se bornait à demander
la réforme électorale. Mais ce n'était pas là où
gisait le mal dont la France était atteinte , il fallait l'aller chercher à bien d'autres sources , dont
une des principales était la lèpre du budget , ren-
due incurable par une centralisation pleine d'é-
cueils et de dangers.

« J'ai distingué , disait en 1835 , l'honorable
M. de Tocqueville , dans son ouvrage de la *Démocratie en Amérique* , deux espèces de centralisation ; j'ai appelé l'une gouvernementale et
l'autre administrative.

« La première seule existe en Amérique , la
seconde y est à peu près inconnue.

« Si le pouvoir qui dirige les Sociétés amé-
ricaines trouvait à sa disposition ces deux moyens
de gouvernement , et joignait au droit de tout
commander la faculté et l'habitude de tout exécuter par lui-même; si , après avoir établi les
principes généraux du gouvernement , il péné-
trait dans les détails de l'application , et qu'a-

près avoir réglé les intérêts du pays , il pût descendre jusqu'à la limite des intérêts indivi-duels , la liberté serait bientôt bannie du Nou-veau-Monde.   .   .   .   .   ,

« Ceci mérite qu'on y songe. S'il venait ja-mais à se fonder une République démocratique comme celle des États-Unis , dans un pays où le pouvoir d'un seul aurait déjà établi et fait passer dans les habitudes , comme dans les lois, la centralisation administrative , je ne crains pas de le dire, dans une semblable République , le despotisme deviendrait plus intolérable que dans aucune des monarchies de l'Europe. Il faudrait passer en Asie pour trouver quelque chose de semblable. »

Cette opinion , émise il y a quinze ans par l'habile politique dont on a eu souvent depuis l'occasion d'apprécier le talent , devrait être si-gnificative pour beaucoup de gens , qui ont des yeux et ne veulent pas voir , qui ont des oreilles et ne veulent pas entendre.

Cependant quand un homme a franchi un large fossé d'un seul bond , soit de son propre mouvement, soit poussé par une volonté étrangère, que lui arrive-t-il s'il veut regagner son point de départ sans se retourner ? Il tombe évidemment dans le gouffre et se noie. Telle est aujourd'hui la position de la France. On lui a fait traverser de rudes écueils au milieu desquels elle a failli se perdre ; il y aurait donc péril pour elle à se jeter en aveugle entre les bras d'une réaction inintelligente, qui tendrait à la ramener en arrière, avant qu'elle n'eût pris les précautions nécessaires pour ne pas se laisser pousser vers le précipice qu'on s'efforce de tenir toujours béant sous ses pas.

II

Quand un peuple a été long-temps balotté par les révolutions, il ne leur tient pas compte des progrès introduits au milieu du désordre général, il tend naturellement au repos, regrette son passé, dont il s'imaginait supporter le joug avec peine, et fait tous ses efforts pour le reconquérir.

C'est, à n'en pas douter, une erreur de l'esprit humain contre laquelle il est plus facile de protester, que d'indiquer un remède certain. Néanmoins, il semblerait raisonnable de chercher à combattre les erreurs et de se fortifier

contre les chances de l'avenir avant de regagner le point de départ sans garanties et sans
précautions.

Un grand nombre d'esprits sérieux recon-
naissent et signalent les inconvénients des systêmes vers lesquels on cherche à se replier tête
baissée ; mais , quand il s'agit d'aborder résolu-
ment les questions importantes susceptibles d'apporter les perfectionnements nécessaires, ils n'o-
sent présenter leur pensée tout-à-fait à décou-
vert , ils reculent devant la crainte de voir la
foule mettre à leurs projets une opposition irré-
fléchie. N'est-ce pas agir ainsi comme le castor
imprévoyant dont l'inondation détruit chaque
année les habitations , et qui les reconstruit l'année suivante à la même place , oubliant qu'elles
doivent être renversées de nouveau.

On ne peut, sans danger, nous le savons, sous
un gouvernement régulier, chercher à faire disparaître les anciens abus par l'introduction immédiate d'innovations multipliées ; mais lorsque la
société, compromise dans son présent et son avenir, tend à se reconstituer sur des bases nouvelles, il n'en est plus ainsi ; on doit, avant tout,

sentir la nécessité de se mettre en garde contre une organisation dont l'expérience a démontré toutes les conséquences fâcheuses.

Nous dirons même qu'un Etat bien gouverné ne peut toujours rester stationnaire ; il est obligé, sous peine de se trouver bientôt en lutte avec la majorité de la nation , de se laisser entraîner sur la voie du progrès et d'introduire, avant d'y être contraint , les innovations en rapport avec l'esprit naturellement mobile de chaque siècle.

Les intérêts d'un peuple se divisent et se modifient à l'infini , suivant les temps , les lieux , les changements de mœurs et de passions ; il est donc nécessaire , lorsqu'on veut établir des lois et faire adopter des réglements , de mettre une rare prudence à combiner ces intérêts de manière à satisfaire les vœux de la majorité , tout en blessant le moins possible le parti contraire. Il est nécessaire de ne pas donner aux lois et aux réglements un caractère de pérennité , car c'est un moyen d'exciter les gouvernants à se mettre en lutte contre les gouvernés, qui mécontents , le lendemain , de la position à laquelle ils aspiraient la veille , tendent toujours vers des améliorations auxquelles ils attachent d'autant plus de prix qu'on présente plus d'obstacles pour les leur accorder. Une sage liberté laissée à la nation d'introduire continuellement des modifications au système gouvernemental, par la voie de ses mandataires, serait, à n'en pas douter, un excellent moyen de défense contre toutes les utopies destinées à pervertir la société.

» Vouloir fonder un gouvernement républicain sur les bases ébranlées d'une monarchie, ce serait bâtir sur le sable un somptueux édifice qui bientôt ensevelirait toute la famille sous ses ruines. (1) »

Telle est la manière dont nous nous exprimions peu de jours après la révolution du 24 février, au moment où le gouvernement provisoire tenait toute la France en émoi sous la brutalité de ses décrets.

« La base essentielle, disions-nous, des monarchies et des gouvernements despotiques, repose sur la centralisation complète des pouvoirs ;

(1) Un républicain du lendemain, Paris, in-16, 1848.

cette même centralisation , nécessaire à leur existence , les conduit , tôt ou tard , à leur perte , dès que les peuples commencent à comprendre leurs droits et se croient assez forts pour réclamer de justes libertés. »

« La centralisation est une de ces monstruosités iniques contre laquelle plusieurs esprits distingués se sont élevés depuis long-temps , mais peut-être pas avec un accord assez unanime pour en faire comprendre tout l'odieux , pour en faire ressortir toute l'injustice. »

« En effet , par quel art machiavélique a-t-on concentré toute la France à Paris ? Comment a-t-on pu briser les volontés de trente quatre millions d'habitants, parqués sur un vaste territoire, et les réduire au rôle de véritables moutons de Panurge ? Comment est-on parvenu , dès que la voix formidable de Paris s'élève, à faire retentir le même cri sur les points les plus éloignés du sol , si ce n'est par l'abus d'une incompréhensible centralisation ? »

« Nous avons demandé des réformes ; la première de toutes à obtenir c'est d'émanciper les départements de la tutelle sous laquelle ils languissent dans une honteuse inaction , c'est d'enlever au pouvoir central le droit de les conduire à la lisière. »

« Mais qu'on n'aille pas donner à mes paroles un sens que je n'ai jamais songé à leur prêter. En m'élevant contre les abus de la centralisation , je suis bien loin de vouloir renverser l'unité d'action dans l'État ; je voudrais, au contraire , lui donner de nouvelles forces , s'il était possible, par les liens d'une démocratie toute fraternelle. »

Ce que nous disions alors , nous pouvons le répéter aujourd'hui , surtout si l'on ne s'obstine pas à confondre l'unité politique avec la centralisation administrative. Nous insistons même sur ce point et nous disons :

Une grande nation peut-elle être forte et redoutable sans unité politique ? — Non.

Peut-elle offrir des garanties pour le maintien de ses institutions sans unité législative ? — Non.

Peut-elle conserver une heureuse harmonie

dans l'application de ses lois et de ses réglements, sans unité administrative ? — Non.

Nous croyons donc fermement, et nous le disons de nouveau bien haut, pour qu'on ne puisse prêter à notre manière de nous exprimer aucune interprétation contraire à notre pensée, nous croyons qu'on ne pourrait, sans nuire à la splendeur de la France, à son développement, porter les moindres atteintes à son unité administrative.

Mais il ne s'en suit pas que tous les pouvoirs de direction, que tous les pouvoirs d'exécution soient nécessairement concentrés dans les mains d'un homme portant le titre d'Empereur, de Roi ou même de Président de république, ou encore, entre les mains de quelques individus, formant un corps plus ou moins homogène, et appelé *l'Etat*.

Autant l'unité politique peut produire de bons résultats, autant la centralisation administrative doit avoir de conséquences funestes. La centralisation a détruit l'esprit public, elle a servi à corrompre la morale, elle a fait naître l'égoïsme, elle a fait considérer, avec une sorte de dédain, l'Agriculture et le Commerce, elle a tiré toute la vie des campagnes , pour l'entraîner dans les villes et la concentrer à Paris ; et il ne pouvait en être autrement. Les champs se sont dépeuplés, les propriétaires du sol, soit par intérêt, soit par ambition, ont voulu s'atteler au char de la grande machine gouvernementale ; ils ont déserté leurs terres et les ont pressurées pour en tirer le plus de revenus possibles , aussi la plupart sont-elles couvertes de bâtiments jadis florissants, aujourd'hui tombant en ruines ou livrés à la demeure du fermier.

Le pouvoir , entre les mains duquel reposerait l'arche sainte de l'unité politique , loin de se voir affaibli par la décentralisation administrative, acquerrait , au contraire, une force nouvelle en se trouvant dégagé de tous les soins minutieux dont ses agents directs , faute d'y porter un intérêt véritable, s'acquittent le plus souvent fort mal en son nom, d'où résulte sans cesse contre lui des plaintes motivées et des embarras de toute nature.

Il conviendrait donc de mettre en pratique cette sage maxime , *divide et impera*. Plus les divisions sont multiplées , moins il y a de dangers sous le rapport de la résistance , et d'ailleurs ces divisions sont toujours trop inégales , soit par l'étendue , soit par les ressources , soit par l'esprit de la population , pour qu'il n'existe pas entre elles une sorte de rivalité bien suffisante pour les empêcher de songer jamais à se liguer , dans le but de se rendre indépendantes de l'autorité à laquelle elles doivent rester soumises.

La Monarchie constitutionnelle , montée sur le char de la centralisation , a deux fois été emportée par les coursiers fougueux de l'émeute , à travers des chemins inconnus, bordés de toutes parts d'affreux précipices , où elle pouvait entraîner après elle la société et la civilisation.

Heureusement suspendue sur le versant de l'abîme , la société , à peine remise de sa frayeur, pourra-t-elle , avec confiance, laisser le Pouvoir s'asseoir tranquillement sur le même char où son existence s'est trouvée compromise, en se bornant à mettre un frein, trop facile à briser, à des coursiers un instant vaincus , mais toujours insoumis.

Si le 24 février 1848, après que l'émeute des rues de Paris eut mis en fuite les derniers débris de la Monarchie, il ne lui eût pas suffi, dans un premier moment de terreur, de se porter à l'Hôtel-de-Ville, pour proclamer la République.

Si l'organisation politique de l'Etat eût permis au prince d'aller planter sa tente dans un des quatre-vingt-six départements du royaume, pour faire un appel au peuple.

Si Paris, dans son omnipotence incompréhensible, n'eût pas eu le privilége d'imposer à la France une révolution toute faite.

S'il eût été nécessaire de consulter le pays avant de changer la forme de son gourvernement.

Si tous les fonctionnaires publics n'eussent pas été une émanation du pouvoir central, qui, en s'évanouissant, les laissait sans point d'appui.

Si ce pouvoir, au lieu de s'élever sur une large base, couvrant tout le sol de la France, n'eût pas voulu se cramponner sur un socle mobile, formé par un pavillon des Tuileries.

Si, enfin, la centralisation n'eût pas été inféo-
dée en tous lieux, la République n'eût pas été
proclamée, car l'immense majorité du pays ne
voulait pas la République; la France n'eût pas
eu à traverser une de ces phases qui mettent
les peuples en péril, et la civilisation n'eût
pas failli s'anéantir sous les coups redoublés
de l'anarchie.

La France a adopté la République, le 10 dé-
bre, en nommant son Président. Ce qu'elle a le
droit d'exiger aujourd'hui, ce qu'elle a intérêt
à exiger, c'est que la République ne continue
pas à lancer ses vaisseaux à pleines voiles sur
la mer où, deux fois, en moins de vingt ans, un
simple coup de vent a perdu la Monarchie corps
et biens.

Nous adoptons volontiers la République, mais
nous voulons une République sincèrement populaire, c'est-à-dire le gouvernement du pays
par le pays, et non une volonté personnelle,
espèce de pastiche du passé, avec tous les abus
de la Monarchie constitutionnelle, engendrés
par l'excès de la centralisation.

Que Paris reste le cœur de la France , qu'il soit l'entrepôt de son commerce et de son industrie , qu'il soit le temple des sciences et des arts , mais qu'il cesse d'être un foyer où il suffit d'allumer l'incendie pour embrâser et consumer le pays jusques aux plus extrêmes confins de son territoire.

Quand la nature, trop avare de ses belles créations, produit un de ces hommes au génie puissant qui semblent avoir reçu en partage le don de gouverner , et le place, à titre de monarque absolu , à la tête d'un Etat , la centralisation peut offrir certains avantages incontestables, entr'autres celui de simplifier le mécanisme administratif et d'imprimer une seule impulsion à tous les ressorts de la politique intérieure et extérieure ; tel fut Louis XIV , aidé de son ministre Colbert. Mais quand ce prince vient à disparaître , laissant son trône à un successeur privé de sa haute intelligence, les abus s'introduisent rapidement à la suite d'une foule d'intrigants tenus trop long-temps , au gré de leurs désirs , éloignés des affaires de l'Etat. Le nouveau monarque, ignorant ou faible , insoucieux ou dépravé, se trouve trop heureux d'être déchargé du lourd

fardeau imposé à sa nonchalance ; des esprits
mesquins veulent, chacun de son côté, faire pré-
valoir leurs idées étroites et mal digérées ; les
rouages administratifs se multiplient, tout se co-
lore suivant le caractère du prince, le peuple souffre, peu importe ; il se plaint, on le repousse ; il
gronde, on en rit ; il se fâche, il essaye ses forces,
il lutte, il triomphe ; puis effrayé de sa victoire,
et ne sachant où s'arrêter, il se jette, avec toute
l'imprévoyance qui le caractérise, entre les bras
des factions, assez lâches pour flatter ses passions et ses fureurs. La société se trouve ébran-
lée dans ses bases les plus profondes, les cri-
mes deviennent des vertus civiques, la civilisation retourne vers la barbarie, jusqu'au moment
où, las de ses saturnales, le peuple lui-même
aspire après le repos et accueille, avec enthousiasme, un nouveau maître sous la volonté duquel il pliera bientôt humblement la tête. Dans
la main ferme et vigoureuse de cet autre maître, la centralisation pourra, de nouveau, produire des prodiges, car il saura toujours mettre
un frein aux intrigues ambitieuses de l'Aristocratie et aux sourdes menées d'une Démocratie
inquiète et jalouse. Tel est le tableau fidèle
des règnes de Louis XV, de Louis XVI, de

la République et de l'Empire. Il ne faut donc
pas se le dissimuler, en dehors d'un gouvernement absolu et despotique, la centralisation
offre mille dangers, c'est une source intarissable
de révolutions. L'histoire est là pour le prou-
ver ; la génération actuelle est là pour en offrir un
exemple.

Le monde est ainsi fait qu'il s'agite sans
cesse autour d'un cercle où sont marqués, à
des distances plus ou moins rapprochées, les
mots, *Enfance, jeunesse, âge viril, décadence,
décrépitude*. Chaque nation parcourt invaria-
blement ce cercle une ou plusieurs fois avant
de disparaître d'une manière complète pour ne
laisser qu'un souvenir dans les siècles futurs.
Les peuples auxquels commandait Sémiramis,
ceux qui vécurent sous les Ptolomées, les bril-
lantes républiques de la Grèce, les Romains,
maîtres de l'univers, les Maures, parvenus au
plus haut degré de la civilisation se sont successivement éteints, après avoir traversé les phases
de progrès et de décroissance qu'une main in-
visible réserve à toutes les sociétés humaines.

Dans leur période d'enfance et de jeunesse,

les nations sont belliqueuses et conquérantes ;
arrivées à l'âge viril , elles étudient les sciences ,
les arts et les lettres ; les révolutions politiques
sont des signes certains de leur décadence ; elles
sont bien près de leur décrépitude quand les
esprits , atteints d'aberration , sapent les bases
de la morale , cherchent à détruire les doux
liens de la famille et ne craignent pas de se
poser en ennemis de la divinité elle-même.

Rome était encore dans l'enfance lorsqu'elle
s'immortalisa par ses premières victoires ; elle
était dans le brillant de sa jeunesse lorsqu'elle
put dicter des lois à tout l'univers ; dès que la
science et la civilisation eurent pénétré chez
elle , annonçant son âge viril , elle devint la
proie des barbares ; l'indiscipline se mit dans
les rangs de son armée , des aventuriers auda-
cieux se disputèrent long-temps le timon de
l'Etat , c'était sa décadence ; enfin elle devint
l'assemblage de tous les vices et elle n'eut pas
même l'avantage de mourir honorablement , car
elle fut obligée d'aller se faire ensevelir sur une
rive étrangère.

La France est aujourd'hui atteinte de deux

maladies graves, l'une et l'autre mortelles, et diamétralement opposées dans leurs conséquences morbides. Toutes deux auraient besoin de remèdes prompts et sérieux, toutes deux, au contraire, sont traitées par des médecins entêtés, routiniers et égoïstes, toujours prêts à s'opposer, sans mesure, aux essais de guérison qu'il serait cependant raisonnable de tenter. L'une de ces maladies est la centralisation des pouvoirs administratifs poussés jusqu'aux limites de l'inconséquence, à tel point que les départements, privés de toute force vitale, peuvent, à chaque instant, succomber sous les attaques d'apoplexie dont l'Etat est sans cesse menacé.

Cette position critique n'est, du reste, pas nouvelle ; on se souvient que l'empereur Alexandre, au moment où il venait, dans une seule campagne, de jeter un voile épais sur vingt années de nos victoires, disait, du haut des buttes Montmartre, aux officiers de son état-major en leur montrant Paris : « Voyez-vous, Messieurs, la France ne périra jamais que par là.»

L'autre maladie, non moins menaçante, non

moins redoutable est le dépérissement de nos finances qui s'accroît d'heure en heure et qui, si nous échappons au premier danger, ne peut manquer, à moins de promptes réformes, de nous faire mourir de consomption.

C'est sous le coup de la première de ces maladies que s'est affaissée la Restauration, c'est sous le coup de l'une et de l'autre que s'est traînée la dernière Monarchie pour aboutir à la terre d'exil, c'est sous les mêmes coups que périra la France, comme le pléthorique qui ne veut pas renoncer aux excès de la table, comme l'homme attaqué de phtysie qui s'obstine à vivre au sein de la débauche.

C'est à la nécessité tout-à-fait urgente de traiter soigneusement ces deux graves maladies que nous allons appliquer la suite de nos réflexions.

Malheureusement il est dans la nature de l'homme de ne pas vouloir profiter des exemples du passé et d'attribuer au défaut de l'expérience, à l'ignorance, à la barbarie même,

les effets produits par des causes dont l'issue
sera toujours infailliblement la même.

III

Au moment où Sully fut placé à la tête de l'administration , la France , fort obérée aujourd'hui, se trouvait dans une position non moins compromettante et la banqueroute était considérée comme une nécessité absolue. La France avait eu à supporter et elle supportait encore des guerres civiles dont la religion était le prétexe et qu'encourageait une puissance ennemie, désireuse d'envahir le royaume; les Pays-Bas et l'Italie ne lui laissaient ni repos ni trève et ruinaient ses finances; quarante ans de dissentions intestines l'avaient accablée de dettes malgré l'énormité des impôts grossissant toujours sans améliorer la position de l'Etat, car ils étaient dévorés avant de parvenir au trésor par des administrations nombreuses et une armée de courtisans avides.

Sully, pourvu de toutes les grandes charges, ou pour mieux dire, réunissant dans ses mains tous les Ministères, car il était en même temps surintendant des Finances, maître de la grande Voierie, gouverneur de l'Arsenal, commandant de l'Artillerie, eut la sagesse de penser qu'il ne fallait pas chercher à rétablir l'équilibre en imposant de nouvelles contributions au peuple, mais bien plutôt en forçant les dépenses à rester toujours au-dessous des recettes. Il s'attira sans doute, par ce moyen, la haîne de tous les fonctionnaires inutiles, il se mit en butte aux tracasseries d'une foule de riches désœuvrés qui trouvaient naturel d'absorber les deniers de l'Etat sans lui rendre les moindres services, mais il eut la joie de voir la majorité de la nation approuver ses sages réformes et rendre justice à la droiture de ses intentions. Il s'attaqua aux abus onéreux qu'un grand nombre de partisans intéressés avaient trouvé le moyen d'introduire et s'efforçaient de conserver. Avec lui plus de marchés honteux , plus de fonctionnaires sans travail , plus de dépenses intempestives ; aussi, sans continuer à ruiner le pays par les lourds impôts dont on avait cru nécessaire de l'accabler , et au contraire en diminuant les tailles , en allégeant les droits du sel , et en faisant disparaître peu à peu les charges ruineuses qui pesaient sur l'agriculture et nuisaient à son développement et à sa prospérité, trouva-t-il le moyen , par suite d'économies bien entendues , d'acquitter les dettes monstrueuses de l'Etat, de payer les dépenses avec exactitude , de dégager les joyaux de la couronne , compromis entre les mains de créanciers avides , de regarnir les magasins de la guerre, restés entièrement dépourvus faute de ressources.

Dès 1610, son inventaire portait 400 pièces de grosse artillerie , 200,000 de boulets , 4,000,000 de poudre, 30,000 armes pour l'infanterie, 8,000 pour la cavalerie, des caissons , des charriots et tout le matériel dont on pouvait avoir besoin. Il avait, malgré cela, construit des ports, fortifié des places, ouvert des chemins , entretenu les grandes routes , embelli les maisons royales , bâti des hôpitaux ; il avait protégé l'agriculture , stimulé l'industrie , créé des manufactures, fait renaître le crédit. Tout cela ne l'avait pas empêché d'amasser un trésor de plus de 30 millions, somme colossale pour l'époque. Tel fut le résultat d'une prudente économie dans l'administration financière. Aussi le monarque assez heureux pour choisir un si sage ministre , ne pouvait-il manquer d'être considéré comme le véritable père de la nation , aussi ne fut-il jamais un roi qui conserva plus long-temps que le bon Henri le souvenir et l'amour du peuple dont il avait eu le gouvernement.

L'Abbé de Marolles , qui vivait à la fin de ce règne , en a laissé, dans ses Mémoires , en parlant de sa jeunesse , une peinture naïve et charmante que nous ne résistons pas au désir de reproduire ici :

« L'idée qui me reste de ce temps-là, dit-il ,
« me donne de la joie. Je revois, en esprit, la
« beauté des campagnes. Dès-lors il me semble
« qu'elles étaient plus fertiles qu'elles n'ont été
« depuis, que les praieries étaient plus ver-
« doyantes qu'elles ne sont à présent , que nos

« arbres avaient plus de fruits. Il n'y avait
« rien de si doux que d'entendre le ramage des
« oiseaux , le mugissement des bœufs , et les
« chansons des bergers. Le bétail était mené
« sûrement aux champs et les laboureurs ver-
« saient les guérets , pour y jeter du blé , que les
« leveurs de Taille , et les gens de guerre n'a-
« vaient point ravagés. Ils avaient leurs meu-
« bles et leurs provisions nécessaires , ils cou-
« chaient dans leur lit. On voyait partout une
« proprété bienséante. L'éloignement du grand
« monde n'abattait point le cœur , et ne rendait
« point la noblesse plus grossière. On entendait
« des concerts de musette , de flûtes , de haut-
« bois ; la danse rustique durait jusqu'au soir ;
« on ne se plaignait point comme aujourd'hui
« des impositions nécessaires et excessives ;
« chacun payait sa taxe avec gayeté. Telle était
« la fin du règne du bon Henri IV , qui fut
« aussi la fin de beaucoup de biens et le
« commencement d'une infinité de maux ,
« quand une furie enragée ôta la vie au
« Prince. »

A peine un siècle plus tard , un autre grand
homme qui fut aussi le ministre d'un grand roi ,

Colbert , tout en favorisant le luxe de son maître , tout en soutenant sa munificence et la
gloire de son nom , tout en étant occupé à
remplir le trésor d'où sortaient des sommes
énormes pour subvenir aux frais des guerres
auxquelles semblait se complaire l'ambition toujours croissante du monarque , pour élever cette
foule de palais et de constructions gigantesques ,
qui devaient long-temps subsister comme les té-
moins de la splendeur d'un règne somptueux,
n'en sut pas moins découvrir le moyen de travailler au bien-être du peuple en protégeant l'industrie , en fondant des manufactures , en continuant d'encourager l'agriculture , que Sully avait
mise en honneur. Il donna à l'étude des beaux-
arts une impulsion qu'elle n'avait jamais ren-
contrée ; les belles-lettres trouvèrent en lui un
Mécène généreux ; et, néanmoins , tant qu'il fut le
seul maître de l'administration des finances, il eut
l'habileté de ne pas la compromettre dans un
avenir incertain. Il eut le courage de sa position
difficile ; il eut la grandeur d'âme de sacrifier sa
popularité , il ne balança même pas à s'exposer
à la haine du peuple , en faisant peser l'impôt
sur les objets de luxe et sur la consommation,
plutôt que de recourir à l'emprunt.

Des courtisans avares ou mal intentionnés per-
suadèrent au roi que ces impôts onéreux étaient
un moyen de lui aliéner l'esprit de la nation,
tandis qu'au contraire il pourrait continuellement
remplir son trésor, à la satisfaction générale,
par la création de rentes sur la ville. Colbert
s'empressa de faire des remontrances, car il avait
fort bien compris qu'en entrant dans cette voie,
c'était précipiter le fisc dans un abîme, détruire
le crédit royal et enlever au commerce et à l'a-
griculture l'élément nécessaire à leur existence.
Les sages avis du grand ministre finirent par
n'être pas écoutés, et de cette époque data une
nouvelle ère de décadence pour les finances et
la prospérité générale.

En effet, de toutes les aberrations financières,
l'emprunt, pour parer aux dépenses publiques,
est, à n'en pas douter, la plus ruineuse. Il est
une vérité incontestable, malheureusement trop
souvent oubliée, c'est que le point essentiel,
dans le gouvernement des finances, est de veiller
sans cesse à la conservation du revenu national.
L'emprunt, ayant toujours pour résultat de faire
monter l'intérêt, est son plus cruel ennemi,
Colbert l'avait bien compris. Le seul moyen pour

parer aux événements extraordinaires, c'est de recourir à l'impôt, tout en faisant un usage modéré du crédit; ainsi l'on n'épuise pas à perpétuité les sources vitales d'un Etat, ainsi l'on conserve à l'administration la confiance dont elle est le principal ressort.

Les gouvernements de l'antiquité ne connaissaient pas cette lèpre hideuse qui dévore les gouvernements modernes et qu'on appelle *dette publique*. La dette publique se crée par l'emprunt du présent sur l'avenir; elle affaiblit le Pouvoir, tout en exagérant momentanément ses forces ; elle le rend vassal de ses créanciers, elle tend toujours à faire progresser l'impôt, elle maintient le haut intérêt du capital, elle s'oppose à toutes les grandes entreprises politiques, elle fait sans cesse trembler devant les chances d'une guerre onéreuse, elle favorise l'agiotage, elle nuit au commerce, dont elle détourne les capitaux; elle est l'ennemie de l'agriculture, sur laquelle elle étend toujours une main rapace et jamais satisfaite. C'est un polype qui se développe d'une manière effrayante, entravant le progrès, enfantant la misère, sans que sa création ait jamais apporté d'améliorations sensibles. N'est-il pas désolant de voir , en France, cette dette atteindre le chiffre où s'arrête aujourd'hui le budget de la Russie? On pourrait, il est vrai, citer comme exemple l'Angleterre ; mais avons-nous comme elle des possessions sur tous les continents, avons-nous comme elle, sur toutes les mers , des flottes puissantes pour protéger le commerce de nos nationaux? Et, d'ailleurs, ce serait une erreur de croire que cette position lui soit avantageuse; elle est obligée de la subir, mais il lui faut la paix ; elle serait incapable de soutenir une guerre sérieuse et de longue durée, sans arriver à la banqueroute.

La dette publique, sous l'Empire, avec toutes les guerres et les charges énormes qui pesaient sur lui, était de cent millions environ, elle est aujourd'hui sur le point d'atteindre cinq cents millions , c'est-à-dire , en capital , la fortune entière de la France.

Lorsque les dépenses , dans un gouvernement, dépassent la somme des recettes, deux moyens se présentent pour rétablir l'équilibre : l'augmentation de l'impôt ou l'emprunt. On a pendant long-temps employé l'un ou l'autre moyen, puis enfin on en est arrivé à les employer tous les deux à fois ; c'était une marche prompte pour compromettre la fortune publique, car il est impossible d'espérer trouver à satiété, dans l'impôt, les moyens de payer l'intérêt de l'emprunt, quand il prend de plus fortes proportions chaque jour, sans qu'on puisse voir un terme à cette dilapidation.

Pour arriver à rétablir les finances, il n'y a qu'une seule marche à suivre, c'est de niveler les dépenses sur les recettes et, plus encore, d'amener peu à peu les recettes, à couvrir les gaspillages du passé. Autrement, il ne faut pas s'étonner si le crédit reste toujours inquiet et soupçonneux.

Le crédit est un instrument d'une délicatesse infinie, et dont il faut savoir user avec une prudente modération. Un Etat, forcé par les circonstances et par suite d'une administration vicieuse de supporter une dette colossale, n'est plus maître de le diriger à sa guise et ne peut en user qu'en faisant des sacrifices qui tôt ou tard auront une déplorable issue. Un gouvernement obéré au point de ne pouvoir plus payer les intérêts sans recourir à l'emprunt, est, comme nous ne saurions trop le répéter, entré dans la voie la plus funeste ; car, non-seulement il compromet l'avenir, mais il jette sur le présent une inquiétude de tous les instants. C'est une erreur profonde de croire que l'argent puisse se laisser imprimer continuellement un mouvement circulaire de l'intérêt au capital par les mains d'un banquier qu'on appelle l'Etat, surtout quand ce banquier n'offre que des garanties éphémères, toujours exposées à s'évanouir sous le souffle des révolutions. On peut, il est vrai, au moyen d'artifices nombreux, soutenir quelque temps un crédit factice, mais il est sans cesse sur le qui vive, et tôt ou tard il doit arriver un moment où le trésor, surchargé d'arrérages qui absorberont la plus grande partie de son revenu, se verra réduit à une atonie complète, ou se trouvera forcé de demander à l'impôt, poussé aux plus larges excès, ce qu'il avait jusque-là obtenu par l'emprunt ; c'est, on peut le dire d'avance, une banqueroute déguisée et le prélude d'une banqueroute plus réelle.

Tout le grand art pour maintenir le crédit dans un gouvernement, c'est de ne jamais pren-

dre d'engagements qu'on ne puisse remplir avcc
exactitude. Tous les systêmes imaginés, toutes
les combinaisons financières n'équivaudront jamais à cette vérité incontestable.

Toutefois, il ne faut pas exagérer ce que nous
avons dit de l'impôt ; sans doute, il est mille
fois préférable à l'emprunt, mais on ne doit pas
lui laisser franchir des bornes raisonnables, sans
quoi, il arriverait promptement à produire les
plus fâcheuses conséquences.

C'est toujours par l'augmentation de l'impôt
que s'intronisent les gouvernements nouveaux.
Chez les Romains, comme chez nous il y avait
une foule d'impôts plus vexatoires les uns que
les autres : la *capitation*, le *cens*, le *portorium*,
les *decumæ*, la *scriptura*, etc, etc ; et tous ces
impôts finissaient, comme aujourd'hui, par être
la cause, sinon ostensible du moins réelle, des
révolutions qui se succédaient avec une effrayante
rapidité.

Depuis le budget de six cents millions de la
première république, jusqu'au budget de deux
milliards du gouvernement populaire de 1848,

il y a eu une foule de phases différentes qui ont toujours tendu à faire progresser l'assiette de l'impôt , en opposition avec le sentiment général du peuple. On a battu en brèche la Restauration sous le prétexte de vouloir un gouvernement à bon marché , la royauté de 1830 a été accusée de gaspiller les millions; la révolution du 24 février peut-elle suivre la même voie sans craindre que les mêmes causes , toujours aggravées , n'amènent des résultats bien plus terribles encore?

De tous les impôts, les plus justes , les moins onéreux pour le public , les plus proportionnels sont ceux qui pèsent sur la consommation. Surtout quand ces impôts sont gradués et s'attaquent principalement aux objets qui ne sont pas d'une absolue nécessité. Celui qui possède le plus est naturellement celui qui doit le plus consommer soit pour son luxe extérieur , soit pour l'abondance et le choix de sa nourriture. L'impôt sur la propriété est poussé à peu près à ses dernières limites; on paie même pour l'air qu'on respire. Quel avantage donc à supprimer des impôts acceptés depuis long-temps pour en créer de nouveaux qui vont chercher des classes déjà surchargées. L'impôt sur le timbre des journaux était assurément un impôt juste ; il frappait volontairement une classe de citoyens qui consentaient à faire une dépense devenue un besoin pour eux. Si les journaux ont aujourd'hui un plus grand nombre d'abonnés , il ne faut pas l'attribuer à la suppression du timbre , mais à l'état des circonstances. Il en est de même d'une foule de choses , non indispensables à la vie et qu'on pourrait atteindre d'une manière modérée sans nuire à la consommation et au développement de l'industrie. Une sage maxime de Constantin était que le fisc ne doit jamais s'enrichir par la misère des citoyens , et Napoléon , lui , n'oublia jamais que la prospérité dans les finances est la principale force du Pouvoir. Aussi avait-il introduit , dans l'administration de son vaste empire , une régularité inconnue avant lui et une prudence que depuis lui on semble avoir complètement oubliée. Tous les trois mois sous la forme rigoureuse d'un bilan , il se faisait représenter la balance de l'actif et du passif du trésor sur tous les exercices , afin de constater si l'équilibre du budget , composé de recettes et de dépenses égales , n'était dérangé ni par quelques non-valeurs dans les recettes , ni par quelque excédant dans les dépenses, avec la volonté positive d'y apporter un prompt remède.

En effet, un gouvernement dont les finances sont prospères est aussi redouté de ses voisins que s'il avait à leur opposer une nombreuse armée avec de faibles ressources pécuniaires. Il a d'ailleurs l'avantage de n'être pas forcé à des dépenses ruineuses et sans profit, à des marchés onéreux et presque toujours immoraux qu'une position gênée le forcerait d'accepter. Il n'a pas d'intérêts d'avance à payer, il est indépendant de ses créanciers, et son crédit, lors des événements imprévus, lui fait ouvrir toutes les bourses à des conditions modérées.

Il faut bien comprendre encore qu'on ne peut rien demander à l'impôt, sans toucher naturellement au crédit. Le crédit, nous l'avons dit, est la pierre de touche de l'industrie, du commerce et de l'agriculture ; tout impôt nouveau nuit donc pour un temps plus ou moins long au principe le plus essentiel de la prospérité. Si vous demandez un impôt nouveau à une classe quelconque de la société, vous l'obligez à des re-

tranchements indispensables sur la masse ordinaire de ses dépenses , vous lui inspirez des
inquiétudes, vous portez atteinte au crédit jusqu'au moment où la marche nécessaire des choses aura rétabli l'équilibre.

Si l'on s'adresse au capitaliste, on se procurera,
il est vrai , sans intérêt, une partie de ce que
l'on obtenait de l'emprunt avec des charges nouvelles , mais le capitaliste , facile à tromper dans
les entreprises périlleuses pour peu qu'on lui
montre l'apparence de riches bénéfices , sera
saisi d'épouvante au moindre prélèvement fait
à sa bourse , s'empressera de faire rentrer ses
capitaux et portera au crédit un coup sous lequel il courbera pour long-temps la tête.

Si l'on frappe le commerce , de deux choses
l'une , ou le commerçant prendra sur ses bénéfices , déjà fort réduits par suite de la concurrence, ou augmentera le prix de sa marchandise,
ce qui ne peut manquer de réduire sa vente ordinaire; sous le premier rapport vous amenez dans
ses affaires un état de gêne , sous le second
vous diminuez le travail de la classe ouvrière ,

vous apportez des entraves au développement de l'industrie.

Si enfin , malgré tous les semblants de protection dont on paraît vouloir entourer l'agriculture , on croit pouvoir faire peser sur elle de nouvelles charges , on la prive en partie des moyens nécessaires à son amélioration et les primes qu'on lui jette d'une main parcimonieuse , après les avoir prélevées sans mesure , resteront impuissantes à obtenir les moindres avantages. Le propriétaire du sol saura toujours faire payer à la terre l'impôt dont on croira pouvoir le gréver ; dès-lors , ou il faudra que le fermier augmente le prix de ses denrées au détriment de la masse générale , ou il se ruinera , et certes nul ne supposera que l'agriculture puisse progresser entre les mains d'un homme réduit aux expédients.

L'homme qui cultive la terre est à l'Etat ce que les fleurs sont aux abeilles. Si celles-ci s'acharnaient à épuiser chaque fleur de tout le suc dont elles ont besoin, elles finiraient bientôt par l'étioler et la rendre impropre à leur fournir une nouvelle nourriture.

Tout s'enchaîne dans la vaste circulation du capital appliqué au commerce ou à l'agriculture. On ne peut attaquer l'un sans que l'autre en ressente rudement le contre-coup. La mauvaise direction financière suivie par les divers gouvernements qui se sont succédés , a besoin de recevoir de sensibles améliorations , mais il ne faut pas se le dissimuler , on ne peut les obtenir sans des réformes importantes à l'accomplissement desquelles des milliers de volontés intéressées viendront opposer les plus rudes obstacles.

Quelle est donc cependant la position de la France? C'est l'histoire d'un homme qui, possédant cinq cent mille livres de rentes, se verrait chaque année obligé d'emprunter soixante ou quatre-vingt mille francs pour subvenir à l'excédant de ses dépenses : nul ne mettrait en doute qu'il court à sa perte, et l'on aurait raison. Et pourtant cet homme possédait autrefois à peine la moitié de son revenu actuel et cela lui permettait de satisfaire à tous ses besoins ; mais depuis cette époque il a augmenté le train de sa maison , au lieu de huit domestiques , il en compte vingt , dont la moitié passe son temps à ne rien faire ; il avait un seul secrétaire pour expédier sa correspondance , il en paye quatre maintenant qui font trois copies de la même lettre, seul moyen d'employer convenablement leur temps ; il avait un intendant attaché à la surveillance de ses propriétés , il a cru devoir y ajouter des inspecteurs, des receveurs et une suite d'employés absolument inutiles. Huit chevaux suffisaient pour le service de ses écuries , il en a porté le nombre à trente ; deux palefreniers étaient utiles alors , il en faut six à présent. Ses cuisines même ont doublé leur personnel sans que sa table soit mieux servie. Ses amis, ses véritables amis, ceux qui ne se nourrissent pas et ne s'engraissent pas à ses dépens , comprenant fort bien où cela doit le conduire un jour, l'engagent à réduire ce luxe superflu ; mais ses parasites , et leurs échos irréfléchis , disent bien haut que cela est impossible, qu'il désorganiserait le service de sa maison et qu'il perdrait toute son influence si follement achetée. Ces mauvais conseillers lui font sans cesse demander de nouvelles redevances à ses fermiers ; il les ruine, comme il se ruine lui-même et il ne peut manquer d'arriver à la banqueroute s'il ne se hâte d'apporter de promptes réformes à ce triste état de choses.

Il doit à présent en intérêts la somme qui suffisait autrefois à ses dépenses , à tel point qu'il voit diminuer chaque jour son crédit ; aussi ne peut-il plus trouver à emprunter sans présenter de gros bénifices , et sans donner des garanties. Ses fermiers , accablés des plus lourdes charges, ne peuvent plus améliorer leurs terres ; ils demandent avec instances une protection qu'il n'ose pas leur refuser ouvertement ; mais il apaise leurs clameurs en les leurrant par de belles promesses et en leur jetant par fois une aumône dont la majeure partie ne parvient pas même à son but, car elle passe entre les mains d'un certain nombre de familiers pour lesquels il faut d'abord prélever des traitements plus ou moins considérables.

L'économie est donc, pour un particulier comme pour l'Etat , le seul remède propre à ramener une fortune délabrée dans de meilleurs conditions. L'économie consiste naturellement à retrancher ou du moins à diminuer certaines dépenses dont les abus ont le plus souvent fait naître peu à peu le besoin , mais qui en somme ne présentent par une utilité indispensable. Les dépenses d'un gouvernement sont de deux natures , productives et improductives ; au nombre de ces dernières figurent la Guerre , la Marine , la Diplomatie , l'Administration civile et politique ; les autres comprennent les travaux publics, les routes , les chemins de fers , les canaux , la perception des impôts directs et indirects. Les deux budgets sur lesquels l'économie peut le plus aisément porter , sont assurément ceux de la Guerre et de la Marine , et surtout sur la partie administrative qui en dépend. Ce n'est pas à dire toutefois que des réductions sensibles ne puissent être opérées sur toutes les autres parties des dépenses , à commencer par la diplomatie , avec ses secrétaires , ses chanceliers et son luxe de personnel, tout au plus convenable pour satisfaire l'orgueil d'une Monarchie absolue.

Les quinze dernières années de la Monarchie de juillet, comparées aux quinze années de la Restauration, se sont soldées par un excédant de dépenses de plus de six milliards ; à la vérité il faut faire la part de la large extension donnée aux travaux publics pendant la première période, au nombre desquels figurent avant tout l'ouverture des voies de fer. Mais, sous ce dernier rapport, avec une situation financière qui devenait chaque jour plus mauvaise, malgré l'augmentation annuelle de l'impôt, n'eût-il pas été plus sage d'en laisser tout le poids aux compagnies, en leur accordant de longues concessions ; d'autant mieux que l'Etat gâte et rend onéreux tout ce qu'il touche, tandis que les capitalistes auraient servi le pays sans l'obérer, tout en s'enrichissant eux-mêmes.

Du reste, les travaux publics n'ont pas été le coup le plus mortel porté à nos finances ; ils avaient un but utile et devaient, pour la plupart, devenir tôt ou tard productifs. Et d'ailleurs, sur les six milliards dont nous venons de parler, ils figurent à peine pour deux, en y comprenant non-seulement les chemins de fer, mais encore les rivières, les canaux, les ports, les routes, les ponts, les monuments et les bâtiments civils.

Mais une dépense improductive et sans ré-sultat, c'est celle d'une armée considérable tenue, ou à peu près sur le pied de guerre pendant de longues années, sous le prétexte des ennemis du dehors qui ne songeaient nullement à nous attaquer. Ainsi les budgets réunis de la guerre de 1814 à 1829, y compris 1815, l'expédition de Morée et celle d'Espagne , s'élèvent à trois milliards quatre cent quarante-huit millions , quand la période correspondante de 1830 à 1847 présente le chiffre cinq milliards trois cent quarante millions. Il faut tenir compte , il est vrai , de notre difficile possession d'Afrique , beaucoup plus coûteuse toutefois en argent qu'en hommes ; quant à la conquête faite en 1830 , véritable chant du cygne de la vieille Monarchie, les cinquante millions de la Casaubah en avaient acquitté tous les frais.

« En examinant la conduite des Romains, dit Mably (1), je vois que jamais ils n'ont fait une guerre , qu'elle n'ait rendu au trésor public les fonds nécessaires pour en commencer une nouvelle , et qu'enrichissant même les soldats qui avaient pris part au butin, elle portait l'abondance chez tous les citoyens : voilà un peuple à qui il est permis d'être ambitieux. Mais par une suite de notre situation présente , la guerre n'est aujourd'hui avantageuse qu'aux munitionnaires des armées et à quelques officiers qui pensent comme eux. Chaque campagne grossit les dettes

(1) Droit Public de l'Europe, t. 1er.

de l'Etat. L'imprudence de nos pères nous a chargés d'un fardeau difficile à supporter et notre ambition rendrait certaine la ruine de notre postérité.

« Si on recherche avec soin tous les maux qu'a produits cette mauvaise gestion des finances, le poids accablant des impôts ordinaires, la misère du peuple, le luxe des riches, l'avilissement des mœurs publiques, l'engourdissement du commerce, la ruine de l'agriculture qui est l'âme de tout, ne sera-t-on pas justement étonné que les princes croient avoir encore entre leurs mains des instruments propres à servir leur ambition ? Dans cet état de faiblesse dont tout les avertissait, il semble qu'ils auraient dû ménager leurs forces avec plus d'économie ; et cependant on vit l'Europe, vers le milieu du dernier siècle, se piquer subitement de faire de plus grandes entreprises et à plus grands frais qu'elle n'avait encore fait.

« Jusqu'alors les Etats les plus puissants n'avaient eu que des armées peu nombreuses. Le cardinal de Richelieu croyait qu'il suffisait à la France d'entretenir sur pied quarante mille hommes d'infanterie, quatre mille chevaux, et d'avoir un corps de milice, composé de soixante mille hommes, toujours prêts à se rassembler et à marcher au premier ordre. Le duc de Rohan pensait que la plus grande armée ne devait pas être de plus de quarante mille hommes, et M. de Turenne avouait que le commandement de trente mille hommes commençait à l'embarrasser. Sans doute que ces capitaines ont eu des successeurs d'une plus vaste capacité. On leur confia des armées deux ou trois fois plus nombreuses. Il y eut une sorte d'émulation entre les puissances à qui aurait le plus de soldats; mais cette bouffissure, qu'on me pardonne cette expression, n'annonce qu'une nouvelle maladie et une défaillance prochaine.....

« Ce grand nombre de soldats oisifs, qu'on entretient par vanité pendant la paix, n'est donc propre qu'à donner une confiance disproportionnée à ses forces réelles et à rendre les recrues plus difficiles pendant la guerre. Il y a eu un siècle qu'avec de petites armées on exécutait des entreprises importantes : une conquête pouvait n'être pas achetée trop chèrement par les frais de la guerre. Avec nos grandes armées, il faudrait aujourd'hui conquérir des royaumes entiers, pour se dédommager des dépenses de la guerre. »

Ce que disait Mably, il y a tantôt un siècle, pourrait se répéter aujourd'hui, à quelques exceptions près, malgré les guerres herculéennes, honorables mais sans profit, soutenues par la France sous le César des temps modernes.

Si nous passons maintenant à la marine, bien qu'elle n'ait pas considérablement augmenté ses forces, nous trouvons un chiffre de dépenses exhorbitant. La période de 1814 à 1830 présente environ neuf-cent-quatre millions, celle de 1830 à 1847 dépasse un milliard six-cent-quarante-un millions. Dès-lors, on devrait s'attendre à voir un large développement dans le matériel maritime ; on en peut juger, si l'on veut prendre pour point de comparaison l'année 1840, où le budget s'élevait à quatre-vingt-huit millions, et celui de 1849 qui ne compte pas moins de cent-seize millions, non compris, pour les deux années, le service des colonies. En 1840, nous avions deux-cent-soixante-dix-sept bâtiments , dont vingt vaisseaux armés , vingt-quatre frégates aussi armées , et trente bâtiments à vapeur ; en 1849 , le nombre des bâtiments était de deux – cent – trois , et nous étions réduits à sept frégates et six vaisseaux armés ; à la vérité , au lieu de trente bâtiments à vapeur, nous en comptions cinquante-un (1). Il serait difficile de se rendre raison de cette singulière décroissance de nos forces maritimes , avec une augmentation aussi sensible de dépenses, si, comme on l'a dit, l'on n'en trouvait la cause dans le prodigieux accroissement du personnel , non pas de celui qui monte sur les vaisseaux de guerre et de commerce , mais de celui qui encombre les bureaux , sans rendre aucun service véritable au pays.

Si nous poursuivions le même examen dans toutes les branches des diverses administrations , nous rencontrerions le même gaspillage , la même imprévoyance , la même prodigalité. La crainte des ennemis du dehors , nous ne saurions trop le répéter, a donc été lourdement onéreuse à la France , mais la création d'une armée de

(1) Journal de la Marine , 1849.

fonctionnaires publics pour tenir tête aux ennemis de l'intérieur, dans les luttes électorales, n'a pas moins aggravé la fâcheuse situation de notre budget.

Un des reproches les plus mérités que l'on puisse faire au règne de François Ier, sous le rapport de l'administration des Finances, c'est d'avoir introduit la vénalité des charges, qui continua sous Louis XIII d'une manière scandaleuse, et même sous Louis XIV, surtout après la mort de Colbert. Ce que le besoin d'argent avait fait faire à la Monarchie absolue, en établissant de véritables légions des Conseillers du roi, propriétaires de leurs charges et privilégiés, au détriment du peuple et de la justice, la centralisation des gouvernements constitutionnels a cru devoir le faire, aux dépens du budget, pour s'attacher de nombreux partisans, c'est-à-dire une innombrable phalange de fonctionnaires amovibles entièrement soumis à sa discrétion. Le fisc même n'est pas resté étranger à leur multiplication incessante, car les cautionnements de la plupart faisaient toujours affluer de nouvelles sommes au trésor et grossissaient la dette publique d'une manière pour ainsi dire inaperçue. N'est-ce pas de là , par exemple , qu'est sortie cette nuée de percepteurs qui couvre les campagnes, dont tout le travail s'accomplit au moyen d'un ou deux jours par semaine et dont on pourrait aisément dédoubler le nombre sans qu'il en résultât le moindre inconvénient pour le recouvrement des impôts.

N'est-ce pas une chose monstrueuse de voir l'administration des douanes , avec son nombreux personnel bureaucratique , absorber vingt pour cent de sa perception, et surtout présenter , dans un temps où le trésor se trouve accablé sous les plus lourdes charges , des receveurs de nos grands ports de mer dont les traitements , y compris le *plombage* , la part de *prises* et autres produits abusifs de même nature, s'élèvent par année à plus de cent mille francs. N'est-il pas hors de proportion de voir les forêts prélever quinze pour cent sur les ventes annuelles , et cela pour entretenir et satisfaire une foule de hauts agents à peu près inutiles , dont le nombre pourrait être considérablement réduit , sans qu'on eût rien à craindre pour la bonne conservation et l'entretien des propriétés nationales. Toutefois, si nous demandons des ré-

ductions importantes dans les deux administrations que nous venons de signaler, entre toutes les
autres, nous n'entendons nullement les appliquer
aux simples employés sur lesquels pèsent les plus
lourdes charges et dont la rénumération est à peine
en rapport avec le rude travail qui leur est confié.

Nous pourrions signaler encore les Haras et
les Télégraphes. Les premiers, chacun le sait,
donnent des sinécures fort onéreuses pour l'Etat,
et n'ont jamais offert de résultats propres à être
mis en comparaison avec les dépenses ; quant
aux seconds, il y a longtemps que l'électricité
aurait dû en faire justice. Personne n'ignore
qu'ils peuvent à peine fonctionner durant un
tiers de l'année par suite des conditions atmos-
phériques ; et sur la ligne la plus importante,
celle de Marseille, ces conditions ne permettent
presque jamais de franchir la vallée du Rhône.
Notre pensée n'est assurément pas de faire la
critique de la belle invention des frères Chappe,
eux-mêmes en connaissaient tous les inconvénients et l'un d'eux nous les a souvent signalés ; mais quand il est urgent d'introduire des
économies il est tout naturel d'appeler l'attention sur les choses les moins indispensables.

Nous n'avons pas pris à tâche, comme on le pense bien, de passer en revue les six cent mille fonctionnaires que le gouvernement entretient aux dépens des contribuables, toutefois nous ne pouvons nous empêcher de demander à quoi servent, par exemple, les quatre-vingt-six payeurs de département, quand leur besogne pourrait être faite d'une manière avantageuse par un simple commis de chaque recette générale.

Si l'État veut des fonctionnaires, pourquoi n'en créérait-il pas de véritablement utiles ? Pourquoi chaque soldat, au lieu d'être un corvéable ne deviendrait-il pas un fonctionnaire public, se livrant à la carrière militaire comme on entre dans une administration civile et ayant droit au bout de vingt cinq ou trente ans de services à une retraite honorable? Cela n'empêcherait pas sans doute, que, dans les circonstances périlleuses, tout citoyen, pendant un certain nombre d'années, ne dût un défenseur à la patrie. Cette théorie d'organisation est sujette, il est vrai, à une foule d'objections; elle ne serait peut-être pas économique au premier

abord , car il faudrait élever la solde à des proportions raisonnables , mais on finirait bientôt
par comprendre qu'avec une armée composée
d'hommes dévoués et intéressés au maintien de
l'ordre et à la sécurité du pays, fût-elle en nombre moitié moins considérable , présenterait encore toutes les garanties suffisantes. On aurait
d'ailleurs l'immense avantage de ne pas arracher une foule de jeunes gens du fond des
campagnes, pour ensuite, après les avoir dé-
tournés de la carrière qui leur était naturellement ouverte , après avoir usé les plus belles
années de leur existence , après les avoir habi-
tués à une sorte d'oisiveté, après les avoir fait
vivre dans les grands centres , ou s'engendre
la corruption , les renvoyer au sein de leurs
foyers , le plus souvent dégoûtés de la paix , de
la tranquillité, du travail , qui jadis semblaient
devoir faire tout leur bonheur. La morale et la
politique pourraient dès-lors s'en trouver largement satisfaites.

Mais comment espérer l'application d'un systême, soit prudent , soit économique, avec la corruption au milieu de laquelle nous sommes
destinés à vivre ? Cela arrivera peut-être , mais

trop tard, quand la pauvre France, entièrement
ruinée, ouvrira enfin les yeux sur la foule de
maux qu'elle aura aveuglément laissé accumuler
sur sa tête.

« Un peuple de mœurs corrompues et devenu insolent par la prospérité est bien plus
difficile à conduire, » dit Plutarque dans la
Vie de Périclès, « qu'un peuple accablé sous
une longue suite de malheurs. » Dans le premier cas, un homme probe se trouve en butte
aux tracasseries d'une foule avide de malver-
sations; dans le second, on accepte volontiers
la vertu comme le remède propre à réparer
les maux que l'on a soufferts. L'exemple d'A-
ristides peut venir à l'appui de cette opinion :
chargé d'administrer, à Athènes, le trésor de
la république, il resta toujours pauvre au milieu des richesses dont il était le dispensateur; il n'en fut pas moins accusé de concus-
sion. Son véritable crime était d'avoir dévoilé
la conduite de ses prédécesseurs, et surtout
celle de Thémistocle, qui s'était enrichi et avait
enrichi ses familiers aux dépens des finances
de l'Etat. Cependant la vérité se fit jour, la
justice reprit ses droits, l'honnête ministre

fut exempté de l'amende à laquelle il avait été condamné, et promu une seconde fois à la même charge. Dès-lors il n'en resta pas moins incorruptible pour lui-même, mais il se relâcha beaucoup de sa rigueur envers ceux qui ne rendaient pas un compte exact des deniers de la République. Il se fit, par ce moyen, une multitude d'amis, et, au jour de la nouvelle élection, toutes les voix se portèrent sur lui d'un commun accord. Aristides, au rapport de Plutarque, s'avança au milieu de l'assemblée du peuple et prit la parole en ces termes : « Tout le temps où j'ai fidèlement rempli la charge que vous m'aviez confiée, j'ai rencontré chez vous l'outrage, la honte et le déshonneur, et depuis que j'ai fermé les yeux sur les vols et les dilapidations de vos finances, vous vantez ma délicatesse et ma probité; mais je vous déclare sincèrement que je suis plus honteux de l'honneur que vous voulez bien me faire, que je ne le fus de l'amende à laquelle vous me condamnâtes l'an dernier. J'éprouve un véritable chagrin d'être contraint à vous dire qu'il y a plus d'avantage, au milieu de vous, à protéger les méchants qu'à sauvegarder le bien public. »

Il y a malheureusement beaucoup d'Athéniens
parmi nous, mais nous doutons fort qu'on rencontre un grand nombre d'Aristides.

IV

Le haut commerce , l'industrie et l'agriculture
sont les trois sources précieuses où l'on peut
puiser pour augmenter la richesse et la puissance d'un peuple, les autres professions, dont
se compose la société , ne font que donner un
mouvement de rotation à la fortune publique,
en lui conservant la vie sans en multiplier les
forces.

On peut considérer comme bien administré
un Etat où l'on voit régner les bonnes mœurs ,
où l'agriculture est en honneur et fait chaque
jour des progrès , où le commerce ne craint pas

de se laisser aller à de longues entreprises parce
qu'il a foi dans l'avenir , où la confiance des
citoyens permet au gouvernement de trouver des
secours faciles dans les moments de besoin , où
ces besoins sont rares et passagers.

Le commerce et l'industrie ne peuvent prendre
de développement s'ils ne vivent au sein de
la tranquillité ; l'instabilité gouvernementale est
leur plus cruel ennemi ; leur pierre d'achoppe-
ment est la concurrence illimitée établie dans
toutes les parties de l'Europe. Deux moyens sont
cependant en présence pour les faire progresser,
d'un côté l'économie de la fabrication par le
prix de la main d'œuvre qui se règle sur le prix
de vente des produits agricoles ; de l'autre les
moyens faciles de se procurer des capitaux à un
intérêt minime.

L'argent et le sol ont dans leur manière de
produire la rente du capital un rapport parfait,
tout en donnant des résultats bien différents. Le
premier offre des avantages plus grands avec
moins de certitude ; le second des avantages plus
faibles , mais toujours largement compensés par
une plus grande dose de sécurité.

Un autre point qu'on ne saurait prendre en trop grande considération , c'est la liaison intime qui existe entre l'agriculture et le commerce, sous le rapport de leur marche ascendante et de l'intérêt général de la société. La facilité des communications établie entre les différents peuples, le nivellement de leur intelligence , la similitude, au moins apparente de leurs formes gouvernementales ont introduit en tous lieux le progrès , propagé l'industrie , rendu nécessaire un équilibre sans lequel on ne peut compter sur la prospérité. Si le prix des produits du sol augmente , il faut de toute nécessité que le prix de la main d'œuvre, pour les objets manufacturés, suive la même progression , et dès-lors cette augmentation , principalement en ce qui concerne le commerce extérieur , nuit à la concurrence , au moyen de laquelle la richesse s'introduit chez celles des nations qui peuvent la monopoliser.

Autrefois les peuples du Nord venaient demander aux manufactures du Midi la plus grande partie des objets nécessaires à leurs besoins. Il n'en est plus ainsi aujourd'hui , partout de grands centres d'industrie se sont formés, partout le génie du commerce a planté son drapeau ;

et chez un peuple où il ne rencontrera pas une protection sincère, où il se trouvera soumis à des conditions inégales, il s'épuisera peu à peu en efforts impuissants et finira par succomber en entraînant avec lui les divers éléments propres à faciliter le bien-être de la classe ouvrière.

Si l'on veut en outre voir l'arbre du commerce étendre largement ses rameaux, il ne suffira pas peut-être de l'avoir mis à même de se servir, à des conditions favorables, du levier puissant qu'on appelle le capital, il faudra encore lui accorder sans réserve la liberté d'action, et cette liberté lui sera mille fois plus utile que la protection dont on croit l'entourer aujourd'hui. Les intérêts du commerce sont pour ainsi dire aussi variés que les négociants sont nombreux dans un pays; on ne peut favoriser l'un sans nuire à l'autre, la science commerciale du gouvernement devrait donc se borner à maintenir la justice entre tous. Telle était la position des Provinces-Unies au temps de leur grande puissance sous la République. Une multitude d'intérêts, faisant sagement usage d'une liberté loyalement interprétée, agissaient sans se choquer , et delà résultaient des effets immenses dont toute la nation pouvait profiter.

Lorsque le commerce étranger prend une large extension chez un peuple, il ouvre une vaste carrière aux ouvriers de toute nature, et leur assure un travail convenablement rémunéré. Leur pays n'est plus seulement sur le sol qui les a vus naître, mais dans tous les lieux où la mère-patrie étend ses relations et va porter les fruits de son industrie ; car l'ouvrier est comme le commerçant : *ubi bene, ibi patria*. Les vaisseaux marchands ne restent plus oisifs dans les ports, les chantiers au contraire se couvrent de constructions nouvelles, un peuple de marins, toujours prêts à servir l'Etat dans des circonstances impérieuses, se forme aux frais de la spéculation particulière, les richesses affluent au milieu de la nation et portent partout, la vie, l'aisance et le mouvement.

S'il en était ainsi en France, le département de la marine pourrait faire disparaître son administration paperassière et se borner à entretenir un nombre de vaisseaux suffisants pour la protection du commerce. Alors le commerce se chargerait de lui fournir sans frais d'entretien un plus grand nombre de vaisseaux et de marins qu'il ne sera jamais à même d'en équiper dans nos ports , le jour où il en aura besoin pour sa propre défense.

Mais le commerce étranger, par suite de la concurrence, est peu lucratif de sa nature ; il ne . faut pas espérer que le capital rapporte plus de sept ou huit pour cent , et encore faut-il faire la part de toutes les mauvaises chances, de tous les dangers dont il est entouré. Il est une foule d'entreprises , à peu près abandonnées ou du moins fort négligées aujourd'hui, qui cependant seraient des mines abondantes pour le travail, si les résultats, eu égard au prix du capital, pouvaient présenter quelques encouragements à la spéculation. C'est ainsi que nous nous sommes vus contraints d'abandonner la pêche du Nord à la concurrence étrangère ; c'est ainsi que la pêche même de nos côtes, celle du hareng par exemple , se fait par nos voisins, qui nous le vendent avec un bénéfice suffisant pour eux et dont nous ne pourrions nous contenter. Nos bâteaux soit-

disant *pêcheurs*, se chargent de sel en franchise, et savent trouver le moyen de s'en dé-
faire, avec ou sans profit, malgré toutes les
rigueurs de la douane. Leur nombre, d'ailleurs
extrêmement réduit, va porter à l'étranger notre numéraire et laisse languir dans l'inaction
toutes les industries assez importantes qui se
rattachent à la pêche.

Le gouvernement, il est vrai, s'est bien pré-
occupé de cet ordre de choses excessivement
vicieux ; il a offert des primes, des primes même attrayantes, car elles s'élevaient par année
à près de quatre millions ; mais il a obtenu
peu de chose, et il ne pouvait rien obtenir,
si ce n'est de mal placer son argent et d'ouvrir une porte plus large à la fraude.

En effet, comment espérer que le capital
puisse jamais aller s'exposer à des périls nombreux, pour des bénéfices minimes et incertains,
quand il peut en trouver d'équivalents, entou-
rés de garanties, même en restant tranquille au
sein de l'oisiveté.

Toutefois, il n'entre pas dans notre pensée de

regarder le commerce comme devant être l'unique objet de toutes les préoccupations d'un peuple. Il a sans doute l'avantage de procurer la richesse, mais d'un autre côté il tend à corrompre les mœurs, parce qu'il fait naître un désir immodéré de l'argent. Une nation purement industrielle n'a jamais été et ne peut jamais être une grande nation, dans toute l'acception du mot. L'industrie n'est pas belliqueuse, elle est au contraire l'ennemie de la guerre, car la guerre est nuisible à ses intérêts ; elle regarde avec dédain les arts et les lettres, et si par hasard elle leur accorde un semblant de protection, c'est souvent par jactance et rarement par goût.

Il n'en est pas ainsi de l'agriculture, autour de laquelle viennent ordinairement se grouper les plus généreux instincts, quand ils ne sont pas pervertis par les doctrines incendiaires des ennemis acharnés de la société. L'agriculture présente une source de bien-être non moins puissante, et son alliance avec l'industrie, si toutes deux sont également protégées et encouragées, est un moyen sûr de soulager, du moins en grande partie, les souffrances auxquelles on s'efforce d'apporter un remède efficace.

L'agriculture et l'industrie sont , comme nous venons de le dire, les deux sources puissantes qui servent à grandir un peuple et à augmenter sa richesse. L'une et l'autre ont une liaison intime avec le capital, et si celui–ci, indispensable à leur développement , ne consent à les seconder qu'à des conditions trop onéreuses , il les arrête dans leur essor, en leur imposant des limites infranchissables.

La création de banques agricoles, de banques commerciales , si long – temps discutées comme un remède au mal qui s'étend de plus en plus, a sans doute un excellent principe , et serait dès – lors avantageuse, si elle était possible.

Mais comment espérer jamais que le capital soit assez ennemi de lui – même , pour aller renoncer à une partie des bénéfices réels et certains auxquels on le convie par tous les moyens imaginables. Non, assurément, et cependant c'est une des conditions nécessaires, sans laquelle il est impossible d'attendre aucune amélioration sérieuse.

Le capital est celle des propriétés qui, sans impôt, sans charge aucune, sans soins, sans soucis, rapporte les plus gros revenus ; toutefois, cet avantage même, qui tourne seulement au profit d'un petit nombre d'individus, est la raison qui lui empêche de se produire, de se multiplier à l'infini, et de concourir au bien-être général.

Il ne faut pas craindre de le dire, quitte à blesser un certain nombre de susceptibilités dans un intérêt privé ; le capital, ainsi primé et protégé, est une borne de granit contre laquelle viendront toujours se briser les projets d'encouragement inventés pour étendre l'industrie et favoriser l'agriculture.

Dût-on nous accuser de nous laisser entraîner dans une voie, ouverte beaucoup trop largement sans doute, par le socialisme, nous ne reculerons pas devant une vérité mille fois évidente à nos yeux, devant une vérité prouvée par des exemples irrécusables, nous ne reculerons pas à dire que le produit de la propriété, appelée capital, n'étant pas suffisam-

ment en rapport avec le produit des autres propriétés, ne peut manquer d'exercer sur elles une
pression sous laquelle elles finiront par ne plus
trouver le moyen de se mouvoir.

Le capital qui va continuellement s'engloutir
entre les mains de nos divers gouvernements
pour satisfaire à des besoins factices et ruineux, s'amoncèle de manière à ne pouvoir
plus être réalisé au profit des créanciers nombreux qui tiennent entre leurs mains le crédit, et
dont la fortune repose sur la lave d'un volcan
toujours prêt à faire explosion.

Le produit du sol, non compris les frais de
culture, les risques, les périls de toute espèce,
équivaut à peine au produit net de l'argent, et
encore va-t-on demander à celui-là l'impôt dont
une grande partie sert à payer celui-ci. Les
charges de l'agriculture sont véritablement ef-
frayantes. Le produit de la propriété foncière est
au plus, pour toute la France, de deux milliards, sur lesquels l'impôt territorial, les portes
et fenêtres, le timbre et l'enregistrement ne
prélèvent pas moins de cinq cents millions. Ce
n'est pas tout ; cette même propriété, chargée

de répondre à tous les besoins est le point de
mire du capital qui ne cesse de la harceler et
de la tenir dans une dépendance désastreuse.
Ainsi les hypothèques légalement inscrites s'élèvent aujourd'hui à plus de douze milliards, et
comme, avec tous les frais qui s'y rattachent,
il n'est guères possible de compter l'intérêt au-
dessous de sept pour cent, quand l'usure ne le
porte pas à un chiffre plus élevé, c'est donc
encore un détournement de sept cents millions,
qui, joints aux cinq cents millions absorbés par
le fisc, forment un total de douze cents millions,
ou les trois cinquièmes du revenu foncier. Telle
est la position de l'agriculture ; ce n'est ni la
création onéreuse des Institut agricole, des Fer-
mes-Modèles, des Fermes-Ecoles, des inspecteurs
largement rétribués, ni même les comices, et
leurs primes sans valeur, qui pourront la déli-
vrer du fardeau sous laquelle elle languit et la
mettre dans la voie du véritable progrès. Ce
sont des dépenses à peu près inutiles, bonnes
tout au plus pour lui faire supporter sa position
pénible sous une apparence de protection.

Ce défaut d'équilibre entraîne naturellement à
sa suite les conséquences les plus fâcheuses ;

elles disparaîtraient en partie, on doit le croire, si les peuples voisins, nos rivaux en agriculture et en commerce, se trouvaient placés dans des conditions identiques. Mais il n'en est pas ainsi, et ce manque d'égalité tourne au détriment de notre population.

Nous croyons donc pouvoir le dire sans détours, le remède le plus efficace pour donner à l'agriculture toute sa splendeur, pour procurer à l'industrie et au commerce la possibilité de s'étendre et de se multiplier, c'est de trouver les moyens d'abaisser l'intérêt du capital.

Nous n'ignorons pas les difficultés immenses dont se voit hérissée une semblable réduction, quand l'Etat se trouve à la merci de créanciers avides dont il reçoit la loi, et auxquels il ne pourrait l'imposer sans faillir à ses engagements. Ce n'est donc pas en continuant le pitoyable système financier d'excédant de dépenses sur les recettes qu'on peut espérer une solution favorable, mais au contraire en introduisant une sévère économie dans les diverses branches de l'Administration, que leur centralisation inique et exagérée, maintient toujours aux conditions les plus ruineuses.

Lorsque l'intérêt de l'argent s'élevait en Angleterre et en France à 10 pour 0/0, tout le commerce s'était refugié en Hollande , en Italie, en Portugal où le capital était à un prix beaucoup moins élevé. Ces nations couvraient alors la mer de leurs flottes et accumulaient chez elles des richesses immenses. Plusieurs Édits de nos rois opérèrent chez nous quelques réductions avantageuses et l'on vit alors se fonder des manufactures et notre marine sortir des langes où elle se trouvait comprimée. Il est un fait de toute évidence, c'est que le commerce va toujours croissant, c'est que l'agriculture s'améliore à mesure que l'intérêt de l'argent diminue. En effet, lorsqu'une semblable réduction s'opère, si les intéressés s'empressent de rappeler leur capital , ce ne peut être pour le laisser improductif, il faudra bien où qu'ils l'emploient à l'amélioration de leurs terres , ou à en acquérir de nouvelles et la concurrence en fera monter le prix , ou qu'ils le livrent à l'industrie, et dès-lors on verra s'étendre la masse du commerce et surtout du commerce maritime , le plus avantageux de tous et celui pour

lequel la nature semble nous avoir particulièrement favorisés.

Du reste, en France comme en Angleterre,
à mesure que l'on abaissa l'intérêt exorbitant
du capital, les gouvernements comprirent bien
les vérités que nous venons de signaler. Une
Déclaration du roi de France disait en termes
précis : « S. M. voyant que les rentes cons-
« tituées à 8 et 10 pour cent ruinaient quan-
« tité de familles, *empéchaient le commerce*
« *des marchandises, faisaient négliger l'agri-*
« *culture et les arts*, chacun aimant mieux
« vivre *dans l'oisiveté*, dans les grandes villes,
« que de prendre quelques peines en s'adon-
« nant aux arts et à la culture de leurs hé-
« ritages, et voulant exciter ses sujets à s'en-
« richir, par des gains plus licites et à se
« contenter de profits plus modérés, a défendu
« et défend toute usure, etc. » Un acte passé
en Parlement d'Angleterre, dans le même but,
disait aussi : « La réduction de l'intérêt au-
« dessous de 10 pour cent, ayant autrefois
« produit, par une expérience bien constatée,
« une grande *augmentation de commerce, l'a-*
« *mélioration des terres* par une bonne cul-

« ture, et plusieurs autres avantages importants
« pour la nation, particulièrement en réduisant
« l'intérêt à une *proportion plus rapprochée des*
« *pays étrangers* avec lesquels nous commer-
« çons, etc. » Un Edit de Louis XIV, en date de
1665, fait valoir les mêmes raisons : « Louis, etc.
« L'affection que nous portons à nos sujets
« nous ayant fait préférer à notre gloire et à
« l'agrandissement de nos Etats la satisfaction
« de leur donner la paix ; nous avons en
« même temps employé nos principaux soins
« pour leur faire recueillir les fruits d'une
« parfaite tranquillité ; et comme *le commerce,*
« *les manufactures* et *l'agriculture* sont les
« moyens les plus prompts, les plus sûrs et
« les plus légitimes, pour mettre l'abondance
« dans notre royaume, aussi nous n'avons rien
« oublié de toutes les choses qui pourraient
« obliger nos sujets de s'y appliquer ; et quoi-
« que la protection que nous y donnons, et
« les établissements de diverses manufactures
« qui ont été faites par nos ordres et de nos
« deniers, apportent dès à présent un notable
« soulagement à un très-grand nombre de fa-
« milles qui trouvent leur subsistance dans
« leur travail, et d'autres avantages propor-

« tionnés à leurs conditions ; et que, d'un si
« heureux commencement, nous ayons tout
« sujet de nous promettre des succès encore
« plus utiles et plus avantageux ; néanmoins,
« les gros intérêts que *le change et le re-*
« *change de l'argent produit*, et les *profits*
« *excessifs qu'apportent les constitutions de*
« *rentes, pouvant servir d'occasion à l'oisiveté*
« et empêcher nos sujets de s'adonner *au com-*
« *merce, aux manufactures et à l'agriculture*,
« avons estimé nécessaire d'en diminuer le
« profit. »

Voici enfin un Mémoire présenté au duc
d'Orléans, alors régent du royaume, vers 1717,
où l'on traite la question de la réduction d'une
manière détaillée. Nous croyons pouvoir le reproduire ici, bien qu'une partie des raisons
avancées pour appuyer cette réduction aient
disparu dans le chaos de nos révolutions suc-
cessives.

« Lorsqu'on fit part au Conseil de Finances de l'avis
de MM. les Commissaires sur les points que V. A. R. et
le Conseil décidèrent jeudi dernier, Messieurs du Conseil
de Finances nous témoignèrent qu'ils avaient espéré

qu'on aurait pris une résolution touchant la réduction du taux des rentes.

« Ils crurent devoir traiter à fond cette matière dont ils s'étaient déjà entretenus plusieurs fois à l'occasion des affaires journalières de leur département et des correspondances qu'ils ont dans les provinces, et après une discussion exacte ils demeurèrent tous persuadés, sans en excepter aucun, que le bien de l'Etat, l'intérêt public, la justice même, et la situation présente des affaires exigeaient qu'on fixât pour l'avenir le taux des constitutions des rentes entre les particuliers du denier vingt au denier vingt-cinq ; c'est-à-dire que la règle que le roi a faite pour tout ce qu'il doit aux créanciers de l'Etat devint la règle des constitutions qui seront faites entre ses sujets, sans néanmoins toucher à celles qui subsistent actuellement ; au moyen de quoi les particuliers n'auraient aucun lieu de se plaindre.

« Ils nous chargèrent en même temps de faire sur cela leurs représentations à V. A. R. et au Conseil pour en obtenir une décision qu'ils estiment absolument nécessaire.

« Nous avons supplié V. A. R. de vouloir nous prescrire ses ordres et nous marquer la route que nous devions tenir, ou de proposer cette question directement au Conseil, ou de la discuter auparavant avec MM. les Commissaires : Elle a pris le dernier parti ; j'eus l'honneur de lui en rendre compte hier matin en leur présence, et l'affaire s'est trouvée partagée. V. A. R. d'un côté, suivie de quatre d'entre nous, pour décider suivant les vœux du Conseil de Finances ; cinq de MM. les Commissaires ont été d'un avis différent ; je vais maintenant rendre compte au Conseil des raisons, des objections et des réponses qui ont été alléguées de part et d'autre sur cette question que je crois devoir répéter, savoir si on fera une loi pour l'avenir à l'effet de fixer au denier vingt-cinq les contrats de constitutions qui seront faits entre particuliers.

Raisons pour la réduction du taux de l'Ordonnance au denier vingt-cinq.

« On doit observer d'abord qu'avant le règne du roi Henri IV, le taux des constitutions était au denier douze.

« Qu'en 1601 ce prince les réduisit au denier seize.

« En 1634 le roi Louis XIII, les mit au denier dix-huit.

« Et en 1665 le feu roi fixa le taux des rentes au denier vingt.

« Il se présente trois réflexions sur ces trois différentes réductions du taux.

« La première, qu'elles ont été faites dans des temps où l'on travaillait à rétablir les Finances et à ranimer la circulation ; ces faits ne sont ignorés de personne.

« La deuxième réflexion, ces réductions ont été faites à trente ou trente-cinq ans les unes des autres.

« La troisième, c'est qu'il y a plus de cinquante ans que la dernière fixation a été faite ; qu'il est venu proportionnément plus d'argent des Indes depuis 1665 qu'il n'en était entré dans les intervalles précédents : et enfin que nous n'avons pas moins d'intérêt et de besoin de ranimer la circulation qu'on pouvait en avoir dans ce temps-là.

« Ces exemples paraissent former autant de préjugés pour la question dont il s'agit ; et puisque M. le Duc de Sully, M. le cardinal de Richelieu et M. Colbert s'en sont si bien trouvés, il n'y a pas d'apparence qu'étant dans les mêmes circonstances on puisse manquer en les imitant.

« J'ajouterai que les précédentes réductions avaient même été faites tout d'un coup et sans aucune préparation, au lieu que celle qui vous est demandée par le Conseil de Finances, se trouve amenée et avancée au point qu'il ne s'agit plus que de la consommer.

« En effet, le feu roi, par son Édit du mois de décembre 1713, a réduit les rentes de la ville au denier vingt-cinq, et depuis la régence, non-seulement toutes les autres espèces de rentes dues par l'Etat ont été réduites de la même manière par différents Édits, mais on a de plus fixé tous les intérêts que le roi paye à quatre pour cent, ce qui est la même chose que le denier vingt-cinq.

« Sur quoi V. A. R. et le Conseil sont suppliés de faire deux observations, l'une que ce qui a été fait par rapport aux rentes de l'Etat a eu un effet rétroactif, en ce qu'on a diminué le taux des rentes qui subsistaient, au lieu qu'il n'est question ici que de faire une loi pour l'avenir entre les particuliers sans faire tort ni préjudice à personne.

« L'autre observation c'est que dans le temps de la dernière diminution des espèces, il y a eu les trois quarts des contrats entre particuliers, qui ont été réduits volontairement aux deniers vingt-deux, vingt-quatre, et même au denier vingt-cinq ; en sorte qu'il ne s'agit que d'achever ce que la plupart des particuliers ont commencé, afin que la loi devienne égale pour tous , et qu'à l'avenir il n'y ait plus sur cela de diversité.

« Ces faits et ces exemples présupposés , voici les raisons particulières qui ont déterminé le conseil de Finances et qui ont touché V. A. R.

« 1°. Il est contre le crédit du gouvernement de laisser le taux entre les particuliers sur un pied plus fort que ce qui se paye par l'Etat.

« Le Roi doit environ dix-huit cents millions de capitaux de rentes , de gages , d'augmentations de gages, de finances d'Offices supprimés , de billets de l'Etat , ou de billets des Receveurs Généraux.

« Il ne paye les arrérages et les intérêts de tous ces capitaux qu'au denier vingt-cinq, pendant que les particuliers constituent entre eux au denier vingt, quoique l'expérience de tous les temps nous apprenne que le Roi paye communément un intérêt plus fort que celui des particuliers ; ainsi le système se trouve dérangé dans un point capital de l'administration des Finances , et il n'est

pas possible que le gouvernement puisse reprendre son
crédit tant que les choses demeureront sur ce pied-là.

« En second lieu cela est injuste et contre le bien
public, en ce que le Roi étant le principal et le plus
grand débiteur de son royaume, le taux qu'il paye doit
faire la loi du taux entre les particuliers : tous les créanciers de l'Etat, c'est-à-dire presque tous les sujets de
sa Majesté souffrent actuellement une perte considérable
dans la plus grande partie de leur bien par la différence
qui se trouve dans le taux.

« Cette différence du denier vingt au denier vingt-
cinq est d'un cinquième effectif ; en sorte que si les
rentes de la ville perdent aujourd'hui cinquante pour
cent, la défiance produit la perte de trente, et la différence du taux la perte de vingt pour cent, et que si
l'on avait une confiance entière pour ce qui est dû par
l'Etat, cette différence produirait toujours un cinquième
de perte.

« Est-il juste de causer un tel préjudice à un si grand
nombre de personnes de toutes conditions ?

« Si de ces raisons générales on descend aux considérations particulières , on sera persuadé de plus en plus du tort qu'on fait à une infinité de personnes favorables.

« Les cours supérieures et toutes les juridictions du Royaume ont emprunté des sommes considérables pour payer les suppléments de Finances , les augmentations de gages , et tous les droits qu'elles ont été forcées d'acquérir.

« Elles payent le denier vingt de ces emprunts , et le Roi ne leur paye que le denier vingt-cinq ; c'est une injustice d'autant plus grande que cela les ruine insensiblement , et qu'ils sont obligés de prendre tous les ans sur leur capital pour payer cet excédent des arrérages, au lieu que si le taux était réduit, ils trouveraient de l'argent au denier vingt-cinq pour s'acquitter , ou leurs créanciers en feraient d'eux-mêmes la conversion , par conséquent on les mettrait en état de recevoir d'une main pour payer de l'autre , sans qu'il leur en coutât rien du leur.

« Tous les officiers qui doivent la finance de leurs charges, et dont les gages ont été réduits , se trouvent dans le même cas. Les officiers supprimés sont dans une

situation encore plus fâcheuse , puis qu'outre cette différence d'un cinquième ils sont encore privés du titre de
leurs charges. Enfin tous ceux qui doivent et à qui il est
dû par le Roi souffrent nécessairement une perte réelle
de la différence du taux.

« J'ajouterai que la plupart des seigneurs et presque
tous les gentilshommes du Royaume qui se sont endettés
pour servir à l'armée pendant les deux dernières guerres
souffrent considérablement , au lieu que s'ils trouvaient
en affectant leur terres à emprunter de quoi s'acquitter
avec un avantage d'un cinquième sur les arrérages , on
les mettrait en état de pouvoir se soutenir.

« Telles sont les injustices qu'on laisse subsister à l'é-
gard des personnes. Si, suivant les principes, le débiteur
est plus favorable que le créancier , cette faveur devient
d'un bien plus grand poids , lorsqu'il y en a vingt qui
souffrent contre un qui gagne ; car il est certain qu'en
mettant d'un côté tous les créanciers de l'Etat et tous les
débiteurs , et d'un autre côté les créanciers particuliers ,
il s'en trouvera réellement vingt qui souffrent ou par la
diminution de leur bien , ou par la différence de ce qu'ils
reçoivent à ce qu'ils sont obligés de payer , contre un
qui profite de leur malheur.

« Il y a plus. Ce petit nombre de particuliers qui sont créanciers des autres, on ne leur fait aucun tort, puisqu'il ne s'agit point de réduire leurs contrats ni de donner un effet rétroactif à la loi qu'on propose , mais qu'on veut simplement procurer à leurs débiteurs la facilité de les rembourser ; et je supplie le Conseil de faire attention à cette circonstance, parce que cette raison qui regarde les créanciers est la principale de celles qu'on allégue pour empêcher la promulgation d'une loi si nécessaire au bien de l'Etat , si juste et si intéressante pour tout ce qu'il y a de plus privilégié dans le Royaume.

« Il est d'ailleurs de la justice d'aider les débiteurs qui sont toujours en droit de s'acquitter. Il ne s'agit point ici des rentes foncières ni seigneuriales , il ne s'agit que des rentes constituées , qui n'ont aucune faveur par elles-mêmes, qu'on a regardé pendant un très-long-temps comme n'étant pas permises , et dont l'usage devenu trop fréquent a causé et cause encore un préjudice infini au commerce , et à tous les biens-fonds du Royaume.

« Non-seulement en laissant les choses sur le pied où elles sont on laisse subsister une injustice évidente à l'égard des personnes du Royaume les plus privilégiées, mais la résolution que le Conseil a prise de remettre le

dixième causerait un nouveau préjudice à ces mêmes
personnes et à une grande quantité d'autres.

« Ces officiers des cours et des juridictions particulières , ces officiers supprimés et tous les créanciers de
l'Etat de tant d'espèces différentes , qu'on a ci-devant
déchargés du dixième, en même temps que leurs créances
ont été réduites au denier vingt-cinq , avaient du moins
la consolation de retenir à leurs créanciers le dixième
des rentes qu'ils leur payent. Il ne leur sera plus permis
de faire cette retenue ; ce n'est pas un bien qu'on leur
fait en supprimant cette imposition générale , c'est un
bénéfice qu'on leur ôte ; on aggrave leur mal, et leur con-
dition devient encore plus fâcheuse ; ainsi on va recevoir de tous les côtés des plaintes et des remontrances
qui paraîtront bien fondées ; ils en ont déjà fait dans le
temps des réductions qu'ils ont souffertes sur leurs augmentations de gages.

« On peut dire à peu près la même chose des pays
d'Etats ; personne n'ignore qu'ils sont considérablement
endettés , et il va arriver par la remise du dixième
qu'ils seront obligés d'imposer par excédant sur les
peuples de ces provinces la somme à quoi monte la

retenue qu'ils faisaient du dixième ; en sorte que non-seulement un grand nombre de personnes privilégiées , mais les peuples même de plusieurs provinces, sont intéressés à obtenir ce que le Conseil de Finances demande pour eux.

« Le Clergé n'y est pas moins intéressé, puisqu'ayant fait des emprunts pour racheter le dixième, il en faisait la retenue à ses créanciers, lesquels lui ont même prêté sur le fondement de cette retenue ; en sorte que le Clergé sera privé de ce soulagement , et que contre toutes les règles de la justice on donnerait au créancier un avantage sur lequel il n'a point compté en prêtant ses deniers , au préjudice du débiteur qu'on accable, au lieu de le favoriser.

« Ainsi , par rapport aux personnes, c'est un mal qui subsiste, et un nouveau mal qu'on leur causera, si l'on ne fait pas la réduction du taux.

« Je pourrais de même faire le détail des préjudices que les constitutions sur le pied où elles sont aujourd'hui causent aux biens-fonds et au commerce ; mais je crois qu'il est plus à propos de rapporter les avantages qu'on retirera de la réduction du taux, d'autant plus qu'en les expliquant il sera aisé d'en faire la comparaison.

« Les fonds, qu'on doit regarder comme le véritable bien du Royaume et comme la source et le principe de toutes les denrées et marchandises ont malheureusement suivi le sort des rentes ; en sorte que les rentes étant au denier vingt, les fonds se vendent sur le même pied ; d'où il s'ensuit que si on réduisait au denier vingt-cinq le taux des constitutions, on verrait bientôt les biens-fonds hausser de valeur et se vendre dans la même proportion.

« Ainsi par cette opération, le seigneur, le gentilhomme, le propriétaire accablé de dettes, qui ne peut vendre que quatre-vingt mille livres sa terre qui lui produit quatre mille livres de rente au denier vingt, la vendrait cent mille livres sur le pied du denier vingt-cinq, parce que ce serait son taux naturel et sa véritable estimation.

« Cet avantage est grand pour l'avantage général du Royaume, et pour tous les particuliers : plus on y réfléchit et plus on est **convaincu**.

« On augmente par ce moyen le bien le plus privilégié, celui qui est le plus utile au Royaume, sur lequel portent toutes les charges de l'Etat.

« Et l'on diminue au contraire la faveur exorbitante des rentes constituées qui n'ont jamais contribué pour rien aux dépenses de la guerre, dans lesquelles on ne peut trouver aucune ressource pour le bien de l'Etat, qui ne sont propres qu'à entretenir les sujets du roi dans la molesse et l'oisiveté, qui font abandonner la culture de la terre et toutes les professions utiles, qui donnent occasion au marchand de quitter son commerce, avec quatre-vingt mille livres qu'il a gagnées, parce qu'elles produisent quatre mille livres de rente qui lui suffisent pour vivre sans inquiétude en se retirant, au lieu que s'il ne trouvait point cet appas, où si les constitutions étaient au denier vingt-cinq, il voudrait gagner cent mille livres pour se faire les mêmes quatre mille livres de rente, et qu'en continuant son commerce il y élèverait sa famille.

« Ce que je dis touchant l'augmentation des biens-fonds, s'applique aux maisons et aux charges dont on a tiré plusieurs secours dans les besoins les plus pressants, qui composent aujourd'hui une grande partie de la fortune des familles, et dont le prix est entièrement tombé, au lieu qu'on les verra reprendre leur juste valeur à mesure qu'on mettra de la proportion dans les produits.

« Mais l'avantage qu'on doit espérer par la *circulation* que produira cette réduction du taux, n'est pas moins importante.

« Tout languit, on ne voit ni ventes ni achats ; cependant on ne peut douter qu'il n'y ait beaucoup d'argent , puisqu'on a réformé depuis dix-huit mois dans les monnaies environ quatre cents millions d'espèces.

« De plus il n'y a pas un notaire à Paris (je m'en suis informé à plusieurs) qui ne dise qu'il a de l'argent à placer et qu'il ne manque que des emplois.

« Il est par conséquent prudent et nécessaire de faire naître des occasions d'emplois pour faire remuer et circuler l'argent.

« C'est ce qu'on doit se promettre de la réduction du taux pour l'avenir.

« En effet, pourquoi ne dispose-t-on point aujourd'hui? C'est d'un côté que le roi n'emprunte plus , ne fait plus d'affaires extraordinaires , ni de créations de charges ; tous ces expédients qui minaient l'Etat et qui donnaient occasion aux particuliers de placer ou de faire valoir leur argent.

« D'un autre côté ceux qui doivent et qui n'ont pas moyen de s'acquitter ne gagneraient rien à changer de créancier, tant que le taux subsistera tel qu'il est.

« Au lieu que si on le fixe au denier vingt-cinq, ils iront chez les notaires, ou les notaires les iront chercher pour leur offrir de l'argent à l'effet de rembourser leurs créanciers, ou d'être subrogés dans les mêmes priviléges.

« Celui qui attend dans l'espérance de constituer au denier vingt, se déterminera à suivre le taux de l'ordonnance, il prêtera ses deniers, le débiteur profitera d'un cinquième sur les arrérages en remboursant son premier créancier. Ce créancier remboursé s'acquittera de même s'il doit ; et s'il ne doit rien il cherchera à placer son argent ou par une nouvelle constitution ou dans l'acquisition d'une terre ou d'une maison dans lesquelles il fera des améliorations qui procureront du travail aux ouvriers.

« Le nombre des acheteurs produira une nouvelle augmentation aux prix des terres, qui plus elles coûteront, mieux elles seront cultivées pour en tirer un revenu proportionné. On verra de tous les côtés l'argent en mouvement, pour s'acquitter, acheter ou réparer les fonds ; et ce mouvement n'est autre chose que la circulation après laquelle tout le monde soupire, et qui est si essentielle pour l'intérêt de l'Etat.

« Le clergé, les pays d'Etats, les corps et communautés des villes du Royaume qui sont toutes obérées, parce que l'on s'empara dans la dernière guerre de la plus grande partie de leurs deniers patrimoniaux, en un mot, tous ceux que l'Etat doit maintenir et soulager par préférence, trouveront par le moyen de la fixation au denier vingt-cinq de quoi épargner un cinquième sur les arrérages qu'ils payent.

« Le Clergé avec un million qu'il offrira fera pour vingt millions de remboursements, parce que la plupart de ses créanciers, ne trouvant rien de plus sûr, aimeront mieux renouveler au taux de l'ordonnance que de recevoir leur remboursement.

« Les pays d'Etats de la même manière, si la Bourgogne doit un million de rentes, ce sont deux cent mille livres à imposer de moins sur les peuples ; si la Bretagne en doit quinze cent mille, les habitants de cette province seront soulagés de trois cent mille livres par an , et ainsi des autres ; ces provinces se rétabliront aussi bien que les communautés de toutes les villes du Royaume ; et les rétablir c'est préparer à l'Etat des ressources pour des temps que l'on doit toujours prévoir quelqu'éloignés qu'ils paraissent.

« Enfin on diminuera vraisemblablement la perte qu'on souffre aujourd'hui sur les rentes de la ville et sur tous les effets royaux, parce qu'il n'y aura plus une différence de vingt pour cent sur le produit de cette espèce de bien avec les rentes constituées.

« Ainsi tous les différents intérêts semblent se concilier et se réunir pour faire ordonner cette réduction , qui encore une fois ne fait injustice ni préjudice à personne.

« Permettez-moi présentement de rapporter les objections qui se trouvent répandues dans un mémoire d'un grand magistrat, et d'y faire des réponses concises, parce qu'on est plus en état de décider lorsqu'on entend en même temps les raisons pour et contre. »

PREMIÈRE OBJECTION.

Contre la réduction du Taux.

« On dit premièrement que la réduction des rentes n'est pas capable d'augmenter les biens-fonds, parce que la diminution au denier vingt de l'année 1665 a été l'époque de la diminution de la valeur des biens-fonds qui ont toujours diminué depuis, et que du Moulin nous apprend qu'en 1544 les biens-fonds valaient le denier trente, et les maisons encore plus, pendant que le taux des rentes était au denier dix.

« La première réponse à cette objection, c'est qu'on se méprend évidemment sur la cause de la diminution des fonds. On l'attribue à la réduction du taux des rentes, au lieu qu'il faut l'attribuer à la multitude des rentes qui ont été constituées depuis 1541, et encore plus depuis 1665 , parce que tous ceux qui ont eu de l'argent ont mieux aimé le placer dans ces sortes d'effets qui produisent un revenu égal, sans travail et sans peine et sans être exposé aux charges de l'Etat ni aux contributions publiques, que de l'employer en acquisitions de terre.

« C'est l'usage des contrats de constitutions, devenu trop commun et qu'on ignorait presque en 1544 , qui a fait déserter les terres et peupler les villes au grand préjudice du Royaume. A mesure que les besoins de l'Etat ont augmenté et que les biens-fonds ont été chargés d'impôts, ils ont diminué de valeur, et on a évité de les acheter. Le repos et la douceur que l'on a trouvé dans la jouissance des rentes les a fait préférer ; et cette préférence a causé la principale diminution des biens-fonds.

« Du Moulin pouvait raisonner juste par rapport à son temps, où l'on ne connaissait presque que le bien réel, où chacun vivait dans sa terre, et auquel il n'y avait que très-peu d'occasions de faire des contrats de constitutions ; soit parce que le nombre des offices et des charges vénales n'était pas si multiplié, soit qu'il n'y eût que des gens peu sûrs qui empruntassent à un si gros intérêt.

« Et cette objection a si peu de fondement, que si elle était solide, il s'ensuivrait nécessairement que M. de Sully, M. le cardinal de Richelieu et M. Colbert, auraient travaillé successivement contre leur intention à détruire la valeur des biens-fonds dans le temps qu'ils mettaient tout en usage pour les faire valoir, et que pour les mieux rétablir ils déprimaient les rentes, et en réduisaient le taux.

« On doit donc dire , que puisque c'est la multiplicité des rentes qui produit le mal, il faut, en suivant l'exemple de ces hommes d'Etat, tâcher de faire employer en terres le plus qu'il sera possible de l'argent constitué , lequel après avoir servi à faire toutes les acquisitions qui peuvent se présenter pour l'avantage des propriétaires , sera ensuite employé dans le commerce pour procurer un nouveau bien au royaume. »

DEUXIÈME OBJECTION.

Il faut songer à augmenter la valeur des fonds par la culture, en diminuant les impositions, et non en diminuant la valeur des autres biens par une diminution forcée.

« Cette maxime est fort bonne : rien n'est mieux que d'augmenter la culture en diminuant les impositions ; de là il résulte que j'ai eu raison de dire, que ce sont les impositions aussi bien que la multiplicité des rentes qui ont causé la diminution des fonds , et non pas la réduction du taux.

« Mais en second lieu, si l'on est hors d'état de diminuer davantage les impositions , ne doit-on chercher aucun moyen pour augmenter la culture ?

« Peut-on espérer que cette augmentation vienne d'elle-même ; que ce gentilhomme ou ce propriétaire mal à leur aise puissent améliorer leurs terres, ou y employer un plus grand nombre de laboureurs , tant que leur état ne deviendra pas meilleur ?

« Il faut donc pour parvenir à l'objet qu'on se propose, de deux choses l'une, ou augmenter le bien de ce propriétaire, en lui faisant valoir soixante-quinze mille livres une terre qui n'est que sur le pied de soixante mille par rapport au taux et au produit, ou en le mettant en état de la vendre à un autre , qui ne l'acheterait pas s'il n'avait ce moyen de la cultiver et de la faire bien valoir. »

TROISIÈME OBJECTION.

On dit qu'à la vérité la plus grande abondance d'argent est une raison pour faire baisser le taux, mais que le Royaume n'est pas dans le cas de cette grande abondance ; que d'ailleurs la réduction tomberait sur ceux qui n'abondent pas en argent, et qui en sentiraient la perte sans en avoir le profit.

« Il n'est pas question du plus ou du moins d'espèces, et s'il n'y en a pas en grande abondance , il est d'autant plus nécessaire de les faire circuler, pour qu'il en entre tous les ans au moins cent cinquante millions dans les coffres du roi.

« Voilà le grand intérêt de l'Etat , sans quoi il ne pourrait acquitter les charges et les dépenses, et pour cela il est nécessaire d'animer la circulation. Or il n'y a point d'autre moyen pour l'animer, quant à présent, que celui qu'on propose : on vient d'en expliquer les raisons, il est inutile de les répéter.

« Et si on ne prend pas ce parti , on sentira bientôt les inconvéniens qu'on a représentés touchant la diminution des effets royaux qui vont diminuer de plus en plus, et touchant la situation de ceux à qui on ôte la ressource du dixième qu'ils retenaient à leurs créanciers. »

QUATRIÈME OBJECTION.

Il faut toujours observer une proportion exacte entre les rentes constituées, et les deux autres manières d'employer son argent, qui sont l'acquisition des fonds et le commerce.

« De là on prétend que cette proportion ne serait plus gardée si on diminuait le taux des rentes ; et c'est précisément le contraire, puis qu'on veut en diminuant les rentes augmenter les terres, et leur donner tout au moins la même valeur, quoiqu'elles dussent en avoir une plus considérable.

« A l'égard du commerce il conservera toujours son avantage suivant qu'il sera plus vif et plus animé ; on travaille autant qu'il est possible à le faire renaître, et le moyen qu'on propose ne sera pas inutile, puisqu'en baissant le taux on trouvera plus d'avantage à placer ses fonds dans le commerce. »

CINQUIÈME OBJECTION.

Quand l'avantage sera moindre dans le contrat de cons- titution, l'usure en sera plus commune, parce que le par- ticulier préférera de prêter son argent à gros intérêt.

« Le Mémoire qui contient ces objections fut fait il y a environ quatre ans, temps auquel le roi empruntait sur un pied très-onéreux. Aujourd'hui on n'emprunte point, et par conséquent l'objection n'a pas d'application, puis qu'il n'y a plus la même matière à l'usure ; et il est tellement vrai que ce ne sont que les emplois qui manquent, qu'à Paris et dans toutes les villes de commerce du Royaume, l'argent n'est qu'à six pour cent entre marchands ; au lieu que communément l'intérêt de l'argent sur la place va au double des rentes constituées : ainsi on n'a rien à craindre de ce côté-là, au contraire, c'est un moyen de diminuer l'usure, que de diminuer le taux des constitutions, et on peut espérer que l'intérêt de l'argent non aliéné n'étant que d'un pour cent au-delà du denier vingt, il diminuera encore à proportion du taux, au moyen de quoi il sera moins rare et circulera davantage.»

SIXIÈME OBJECTION.

La réduction du taux des rentes fera renchérir le prix des charges, des loyers de maisons, et de toutes les marchandises nécessaires à la vie, ce qui serait fâcheux pour les particuliers dans un temps où les revenus diminuent.

« Ce qu'on objecte comme un mal, c'est précisément le bien que nous cherchons, l'augmentation de la valeur des biens réels ; rien n'est plus à désirer. Si une charge de Conseiller se vend cent mille livres au lieu de soixante mille, si les loyers renchérissent, si les denrées se débitent bien ; le bon temps sera revenu ; le roi sera bien payé ; les propriétaires se trouveront à leur aise ; ils feront travailler les ouvriers ; le commerce sera rétabli. Mais bien loin que cela fasse diminuer les revenus, ils augmenteront au contraire, j'entends les revenus des biens-fonds qui sont préférables à tous. »

SEPTIÈME OBJECTION.

Cette réduction doit venir naturellement et s'établir d'elle-même par "abondance, et ne point partir de la volonté du Prince.

« C'est le prince qui doit juger de ce qui convient le mieux à son Etat, et de ce qui est le plus utile au plus grand nombre de ses sujets : d'ailleurs on est précisément dans le temps de faire la réduction naturellement et presque sans qu'on s'en aperçoive, puisque ce que le roi paye est au denier vingt-cinq, que la plupart des particuliers ont réduit leurs contrats dans le temps des dernières diminutions d'espèces, et qu'ils ne s'agit que d'en faire une loi générale pour faciliter la circulation. Au lieu que plus on attendra, ceux qui pour disposer de leur argent veulent se régler sur le taux de l'ordonnance, ne trouveront aucun emploi. »

HUITIÈME OBJECTION.

L'avantage qu'en retireront les seigneurs, officiers et autres personnes endettées, ne doit pas être comparé avec la perte qu'en souffrira le reste de l'Etat ; et ils en souffriront tous les premiers par la difficulté des emprunts, qui les obligera à avoir recours aux usuriers.

« L'avantage des débiteurs est au contraire ici infiniment préférable à celui des créanciers, soit par leur nombre, soit par leur qualité. On l'a dit et on le répète, il y en a vingt contre un qui sont intéressés à voir la réduction du taux ; et dans ces vingt on trouve tout ce qu'il y a de plus favorable dans le Royaume.

« C'est par conséquent une erreur de fait de supposer que le gros de l'Etat y perdrait ; d'où il résulte de toutes les objections qu'on vient de rapporter, que celui qui les forme, connaissant que l'Etat et la plus saine partie de ceux qui le composent y gagneront, changera sans doute de sentiment, d'autant plus que les propriétaires des rentes constituées ne souffriront réellement aucun mal, puisqu'ils auront la faculté de renouveler leurs contrats, ou de recevoir leurs remboursements en entier.

« Quant aux débiteurs , ils n'auront plus besoin d'a-
voir recours aux usuriers ; leur plus mauvais état est
celui où ils sont ; on ne les force point de rembourser ;
mais s'ils empruntent pour faire des remboursements ,
ils gagneront un cinquième sur les arrérages. »

Toutefois, l'Angleterre était trop habile pour
n'avoir pas compris depuis long-temps où se
trouvait le vice qui l'avait fait décheoir de sa
splendeur passée; car elle avait successivement
perdu, au profit des Hollandais, le commerce
de la Russie, celui du Groënland, le fret du
sel de Portugal, des vins et des eaux-de-vie
de France dans le Nord, le commerce du hareng blanc sur ses propres côtes; celui qu'elle
faisait à Bilbao pour tirer des laines d'Espagne, celui des Indes occidentales, le commerce de la Chine et du Japon , et même
d'Ecosse et d'Irlande ; le commerce de Suri-
nam et de la Nouvelle-York , et, au profit des
Danois, tout le commerce de la Norwège. Elle
abaissa successivement le prix de son capital, au point de se mettre au niveau des peuples les plus favorisés , et bientôt elle eut
abattu l'orgueil de ses rivales, ses chantiers

se couvrirent de vaisseaux , les mers furent sillonnées de ses flottes ; elle acquit une su- prématie commerciale que nul ne peut lui disputer aujourd'hui. A quelles causes vraiment dignes d'attention l'Angleterre dut-elle une si favorable transformation ; de si heureux changements ? au simple abaissement de son capital, qu'elle tend encore à diminuer chaque jour.

Le commerce de l'argent, fort profitable pour les possesseurs du capital , est non-seulement improductif pour le pays , mais il le ruine au lieu de l'enrichir. Comme c'est à Paris où ce commerce s'opère avec le plus de facilité par la main des banquiers qui soumissionnent , avec des avantages usuraires , tous les emprunts , toutes les entreprises intempestives de l'Etat, l'aisance de la province , l'argent qui servirait à la vivifier, va continuellement y refluer et la prive d'une source féconde d'améliorations pour la population tout entière.

Parmi les mille inconvénients qu'engendrent le haut prix du capital , il en est quelques-uns que nous ne pouvons nous empêcher de signaler. La facilité de se procurer un produit avantageux pour le propriétaire de l'argent enfante l'oisiveté ; l'oisiveté pousse le luxe au – delà des bornes raisonnables ; le luxe excite l'envie et fait naître des besoins factices , il durcit le cœur et entraîne dans la voie des jouissances matérielles ; personne ne veut plus se contenter de ce qu'il possède, la médiocrité prend l'aspect de la misère , la misère devient plus hideuse et alors le peuple aspire après les révolutions , espérant qu'un changement apportera une amélioration à son sort.

Il fut une époque à Rome où les grands prêtaient au peuple aux intérêts les plus usuraires , pendant quelque temps le capital servait à payer ces intérêts , mais bientôt le peuple, accablé sous des engagements impossibles à remplir , demandait l'abolition des dettes, ou la faveur d'aller opérer le pillage sur ses voisins. Presque toujours on faisait droit à l'une et à l'autre de ces réclamations.

Il exista au contraire jadis un peuple dont le faible territoire ne semblait pouvoir contenir qu'une population restreinte ; Moïse, son législateur , par la sagesse de ses lois , en fit un peuple

puissant , au point de pouvoir mettre sur pied
des armées dont le nombre effraye aujourd'hui
l'imagination. Un de ses principaux préceptes
était de ne prêter de l'argent à intérêt qu'aux
étrangers , car il avait compris que c'était le
moyen de faire refluer toute la richesse de ses
voisins dans son pays, aussi jamais nation ne
fut-elle plus heureuse , n'offrit-elle un commerce
plus florissant, une agriculture mieux entendue. En
abaissant l'intérêt de l'argent on ne réduit en rien
la somme du capital numérique et l'augmentation du capital foncier qui en est la suite réelle ,
élève d'autant la masse de la richesse publique.

La réduction de l'intérêt en faisant augmenter
le prix du sol ne manquerait pas d'être favorable à l'agriculture , car jamais la terre n'est
mieux cultivée que dans les lieux où elle atteint
un prix élevé. On s'efforce d'arracher à sa fécon-
dité des produits en rapport avec sa valeur in-
trinsèque ; le travail double partout , l'activité se
multiplie , et quand même la classe ouvrière aurait à supporter une légère augmentation sur les
denrées alimentaires , cela serait bien loin de
tourner à son détriment , ce serait au contraire
la preuve d'une prospérité générale. En effet ,

il est facile de s'en convaincre , ce n'est pas dans les lieux où la nourriture est au meilleur marché que le peuple trouve le plus facilement à gagner sa vie , c'est au contraire là où l'on rencontre le plus de misère et le moins de moyens pour la soulager. Une nouvelle voie de travail s'ouvrirait en faveur des ouvriers ; ce serait une sage solution du problême vainement cherché pour améliorer leur position ; d'un autre côté le capital se trouvant privé d'une partie de ses faciles produits , s'aventurerait à les demander à l'industrie. La réduction serait donc doublement favorable au peuple. Elle aurait bientôt apporté une transformation complète à notre marine ; elle nous mettrait, en un mot, dans les conditions nécessaires pour lutter avec avantage contre la rivalité des nations voisines. A la vérité elle atteindrait une classe de la société fort nombreuse, il est vrai, mais la moins utile , celle des rentiers. Les rentiers se divisent en plusieurs catégories, les hauts dignitaires de la finance , les propriétaires-capitalistes, les petits rentiers. Les premiers, véritables marchands d'argent , continueraient leur industrie avec de moindres bénéfices, les seconds rendraient à la terre ce qu'ils lui dérobent pour en tirer un gain plus certain et plus considérable, les derniers, composés en majeure partie de commerçants, se trouve- raient contraints, par une prolongation de quel- ques années, de demander au travail l'aisance à laquelle ils avaient borné leurs désirs. Le haut intérêt du capital, quand il n'est pas équilibré avec les autres produits, est, nous l'avons fait comprendre, une prime donnée à la fainéantise ; c'est une barrière qui s'oppose au développement de la richesse publique.

Une difficulté immense, nous le savons, se présente pour la réduction de l'intérêt du capi- tal, c'est l'impossibilité où l'on se trouve de rem- bourser les créanciers du trésor qui s'empresse- ront de venir le prendre à la gorge en criant bien haut à la spoliation. Non, il ne faut dépouiller personne, le capital est une propriété aussi inat- taquable que celle de la terre, que celle de l'industrie, que celle du commerce, mais comme il est la pierre d'angle de toutes les autres, il ne faudrait pas les lui laisser absorber, lui laisser prendre la meilleure portion de leurs pro- duits, lui laisser imposer des limites au-delà desquelles on ne rencontre que ruine et déception.

9·

Pour parvenir à ce résultat, sans choc, sans tiraillements, un seul moyen peut être mis en usage, c'est, comme nous ne cesserons de le répéter, une sévère économie dans le gouvernement des Finances ; c'est de ramener le budget des dépenses au chiffre dont se contentait l'Empire, où l'a maintenu à peu près la Restauration ; tout en laissant subsister, du moins pour un certain nombre d'années, la base actuelle de l'impôt, dont le produit ne pourra manquer d'augmenter encore par l'extension forcée de l'industrie, par les progrès et les développements sensibles de l'agriculture.

Nous entendons d'ici la foule des intéressés au maintien d'un ordre de choses ruineux, et ils sont en grand nombre, crier à l'impossibilité de mettre en œuvre de semblables théories ; mais nous ne nous arrêterons pas devant des considérations personnelles, car nous sommes convaincu qu'il sera, au contraire, facile de les introduire, lorsque les errements impopulaires de la centralisation administrative auront succombé, pour faire place au véritable gouvernement du pays par le pays.

Si le Gouvernement , désireux de mettre un terme aux abus qui font sa faiblesse, voulait enfin entrer avec franchise dans une large voie de réformes, il acquerrait bientôt une force et une puissance au moyen desquelles toutes les améliorations deviendraient praticables.

Au nombre de ces améliorations, nous ne balançons pas à le dire, une des plus importantes, peut-être, serait, comme nous nous sommes efforcé de le faire entendre , la réduction de l'intérêt légal de l'argent, de cinq à trois pour cent , par exemple , soit pour les emprunts de l'Etat, soit pour les contrats entre particuliers.

Un délai de quelques années, en ce qui concerne les opérations antérieures, accordé aux créanciers de l'un et des autres, à partir du jour où la réduction serait prononcée par la loi, suffirait, à n'en pas douter, pour que l'équilibre se rétablît sans secousse , en recourant à de nouveaux emprunts, opérés suivant le taux légalement établi.

Mais les capitalistes, dira-t-on, s'empresseraient de fermer leur bourse , et cela serait l'occasion d'une crise imminente : qu'on se rassure à cet égard, leur mauvaise humeur serait de courte durée, car l'argent ne peut rester long-temps improductif ; il faudrait bien qu'il reprît son cours habituel, et tout obstacle disparaîtrait en peu de temps , devant une mesure dont le pays entier aurait ressenti les bons effets.

Le point fondamental, c'est de donner des garanties à la confiance ; c'est à cela que doivent travailler tous les hommes d'ordre , quelles que soient leurs opinions politiques, quelles que soient leurs affections personnelles , et il ne peut y avoir de confiance sans un gouvernement établi sur des bases solides ; assez sage pour marcher avec la majorité , assez fort pour ne pas redouter les entreprises révolutionnaires des factions.

V

Le patriotisme est le plus ferme soutien des Etats ; les révolutions l'exaltent quelquefois momentanément chez un peuple parvenu au sommet de puissance, mais c'est le plus souvent un faux patriotisme, dont l'intérêt personnel est le principal mobile. Le patriotisme diminue à mesure que le luxe et l'amour de la richesse s'étendent et deviennent un besoin ; c'est par une sage économie, c'est par le retranchement de tous les abus qu'on peut lui rendre une partie de sa valeur. La centralisation, commencée par Louis XI, fortifiée par Louis XIV, et portée à l'exagération par l'Empire et les gouvernements qui se sont rapidement succédé , a surtout détruit l'esprit public en annihilant les droits des Communes , et porté le coup de grâce au patriotisme.

De tous côtés on entend , avec juste raison sans doute, s'élever des plaintes sur notre position fâcheuse ; on critique la voie pleine de dangers où nous sommes entraînés chaque jour; on comprend combien peu est solide le piédestal sur lequel repose notre système gouvernemental , sans que les plus habiles politiques, dont nous avons successivement fait l'essai, aient pu le fixer sur une base solide et durable ; et, oublieux du passé , on s'obstine à suivre les mêmes errements , avec des conditions cependant bien différentes, au moment où ils offrent encore une bien plus grande somme de dangers. Est-il raisonnable d'espérer une amélioration quelconque avec un ordre de choses qui plusieurs fois a trahi la confiance? Peut-on rester calme sur la lave d'un cratère, quand on entend le volcan gronder sous ses pieds, jusque dans ses intimes profondeurs ?

Une des plaies les plus gangréneuses qu'aient

pu faire au corps social nos derniers gouvernements, c'était de mettre tous les ressorts de
l'administration au service de la politique.
Cette faute sans doute était le résultat naturel
de la position anormale dans laquelle le Pouvoir s'était placé lui-même, en voulant conserver une centralisation sans bornes, véritable
épée de Damoclès, toujours menaçante, toujours prête à le frapper. A mesure que le
peuple acquérait de nouvelles libertés sans voir
apporter de changements favorables à son sort,
il relevait fièrement la tête, et une lutte déplorable restait engagée entre deux ennemis
dont les intérêts, en réalité communs, semblaient être complètement divisés. Quand l'é-
lection, cette arme puissante, eut pris de nouveaux développements entre les mains de la
Démocratie, elle confondit l'administration avec
la politique, et celle-ci fut l'objet de toutes ses préoccupations. En effet, il ne pouvait en être autrement ; l'administration communale, entourée d'un semblant de liberté, n'en
demeurait pas moins soumise à la férule d'un
Pouvoir inquiet, soupçonneux et paperassier.
Les élus du peuple restaient sans autorité pour
le bien, comme sans puissance pour le mal;

simples commis en tutelle, n'ayant aucun droit d'initiative, ne pouvant rien faire, rien entreprendre, rien améliorer de leur propre mouvement, peu importait dès-lors sur qui s'arrêtait le choix des électeurs ; chaque faction s'évertuait à faire triompher son parti, sans se préoccuper des seuls intérêts véritablement dignes d'être mis en cause, ceux d'une bonne administration locale. Quand, enfin, la liberté, nivelant toutes les conditions, franchissant toutes les limites, eut jeté le vote universel à la tête du peuple, semblable à un talisman qui devait calmer toutes ses souffrances, il le reçut sans enthousiasme, et s'en servit comme d'une monnaie dont la valeur lui était inconnue. Voyant ensuite que les promesses dont on avait bercé son ignorance ne se réalisaient pas ; voyant que sa position, loin de s'améliorer, allait toujours en empirant, il devint indifférent, il ouvrit la main pour laisser tomber, comme de mauvais aloi, la pièce d'or dont on avait cru l'enrichir.

Nous parlons principalement en dernier lieu de la plus grande majorité du peuple, de la partie la plus saine, du peuple des campagnes. Si , habitué dès long-temps , dans les élections municipales , à choisir des hommes qui eussent été réellement chargés, sous leur responsabilité , d'administrer ses intérêts , de ménager ses ressources, de prévoir à ses besoins , de défendre ses libertés, et non des automates sans valeur , il est certain qu'il eût bientôt senti le prix de ses suffrages, qu'il eût apporté un choix scrupuleux à rechercher des administrateurs prudents , laborieux et dévoués , qu'il n'eût pas prêté l'oreille à la voix des factions , qu'ainsi l'esprit public n'eût pas été faussé et perverti , et que , partant du bas de l'échelle pour remonter au sommet, le système électif eût fini par être la sincère expression des volontés populaires.

La classe ouvrière soit des villes , soit des campagnes, forme assurément la majorité dans l'expression de ces volontés , et l'on aurait à redouter sa mobilité, si elle ne se divisait en deux parts inégales ; l'une, la plus considérable, sage et tranquille , amie du repos et de la justice , désireuse de vivre honorablement de son labeur ; l'autre, moins nombreuse, mais plus ardente , toujours inquiète , agitée , redoutant l'économie, se contentant du présent et prenant en général peu de soin de l'avenir ; folle de plaisir , se laissant aller à l'oisiveté, ayant des passions faciles à émouvoir , pour peu qu'on la leurre d'espérances propres à la mettre à même de vivre sans travail. Et cependant cette oisiveté est son plus cruel ennemi , car elle la démoralise et la pousse aux perturbations sociales.

On n'a pas oublié cette époque , à Rome , où les Empereurs suivant une politique mal entendue , avaient habitué le peuple à l'étourdir par des jeux , des spectacles et des fêtes publiques, et à le nourrir au moyen de distributions gratuites de pain , d'huile et de viande ; alors, aussitôt que le trésor épuisé , forçait de mettre un terme à ces sortes de libéralités , le peuple assemblé dans les rues conspirait contre la puissance souveraine , avec l'unique espérance de retrouver dans un autre maître de nouvelles libéralités.

La vénalité du peuple , car il ne faut flatter aucune classe, est encore, nous devons l'avouer , un écueil difficile à franchir ; mais quand les intérêts sont communs , quand les droits sont égaux , quand les conditions sont nivelées , quand les plus hautes fortunes sont réduites à de minimes proportions , il n'y a pas à redouter les inconvénients dont nos voisins nous ont souvent donné le triste exemple.

La décentralisation administrative est donc , nous ne saurions trop le répéter , le seul moyen de ramener le vote universel sur la voie où l'on aurait dû le maintenir ; de lui enlever cet esprit d'hostilité que chaque parti s'efforce d'exploiter à son avantage , de l'empêcher d'être une arme toujours menaçante , toujours disposée à frapper le Pouvoir, toujours prête à lui déchirer les entrailles. Et d'ailleurs, la centralisation de l'action générale , maintenue sous un gouvernement républicain , est une sorte de non sens dont on a peine à se rendre compte. Rien n'est plus capable de compromettre l'autorité que d'en porter la jalousie aux dernières extrémités. La défiance est toujours prête à enfanter la tyrannie; la défiance introduite jusque dans les plus minutieux détails est le signe certain de la faiblesse. Un gouvernement républicain ne peut avoir la prétention de régner

sur des sujets ; sa seule mission doit se borner
à maintenir l'ordre, et à faire exécuter fidèlement la loi, en faveur de tous les citoyens.

Est-il raisonnable de penser que l'administration centrale, avec ses nombreuses préoccupations, puisse jamais prêter une suffisante
attention à la foule de menus objets dont elle
s'est emparée ? Peut-elle, sur une aussi vaste
étendue que la France, apprécier d'un coup-
d'œil, principalement quand il n'en ressort
pas un intérêt général, tous les besoins de
chaque localité ?. Ses agents supérieurs, cons-
tamment attentifs aux moindres signes de sa volonté, absorbés par la politique, n'étant d'ailleurs mus par aucun intérêt personnel en faveur
de la circonscription territoriale qui leur est
confiée, se bornent à lui obéir avec soumission
et ne s'inquiètent nullement d'introduire les
améliorations qu'on serait en droit d'attendre
d'une autorité plus paternelle, plus libre, plus
indépendante.

Un décret du gouvernement provisoire a bien
émancipé les nègres de nos colonies, pourquoi un
vote de l'assemblée législative n'émanciperait-

il pas les communes de l'esclavage sous lequel on les tient asservies ? Quel danger imminent y aurait-il à confier à une commune le soin de réparer ses édifices , d'améliorer ses chemins, de solidifier ses ponts sans une autorisation préalable de la part d'une autorité qui ne peut ni en connaître l'utilité ni en apprécier l'urgence ; quel danger existerait à lui laisser la libre disposition d'une minime partie des deniers qu'elle paie dans sa quote-part de l'impôt.

Il y aurait un livre curieux et instructif à faire : ce serait de réunir toutes les bévues , toutes les folles entreprises, tous les marchés onéreux auxquels la centralisation administrative a prêté la main dans les départements , soit par l'ignorance de ses agents , soit par leur mauvais vouloir, soit pour satisfaire des intérêts privés , souvent dans un but politique. Il serait aussi curieux d'additionner les sommes énormes qui se sont trouvées ainsi gaspillées sans résultats fructueux. Pouvait-il en être autrement avec le système de dépendance exclusive qu'on fait peser sur nos départements? On parle de liberté, et jamais la liberté n'a été plus strictement enchaînée.

En débarrassant l'Etat des charges nombreuses qui l'accablent, on diminuerait naturellement ses besoins. La partie de l'impôt qui n'aurait plus la chance dangereuse de passer par ses mains, pourrait être utilement appliquée au bien-être de la commune par les administrateurs populaires, et ne manquerait pas d'y ramener la vie, l'aisance et la prospérité.

Le Pouvoir central doublerait ses forces et acquerrait des garanties qu'on est porté à lui refuser dans les circonstances présentes, le jour où, comprenant sa véritable mission, il se bornerait à gouverner sans vouloir administrer. Surveiller et juger, c'est véritablement gouverner. L'administration, choisie dans ses diverses circonscriptions par les administrés eux-mêmes, ne pourrait manquer d'être active, juste, intelligente et sympathique, sous peine de se voir honteusement jugée par ceux qui lui auraient donné leur confiance. Le Pouvoir, dégagé de la responsabilité de tous les intérêts locaux, ne serait plus en butte aux justes plaintes qu'on est sans cesse en droit de lui adresser, et se verrait entouré d'une puissance d'autant mieux établie , qu'on serait forcé de la considérer comme un lien nécessaire à la grande harmonie nationale.

La centralisation a tellement annihilé toutes les forces du pays , qu'il suffit de toucher à l'une des extrémités des nombreuses cordes destinées à faire mouvoir l'administration publique , pour n'oser l'attaquer dans ses abus les plus criants. Il suffit qu'un homme foule le sol où cette centralisation a fixé son point d'appui , pour qu'il la considère , malgré tous ses inconvénients, comme absolument utile au maintien de l'unité politique.

Et , cependant , l'édifice qu'elle a bâti repose sur le sol le plus mobile ; la plupart de ses matériaux sont de mauvaise qualité , et ses plans sont vicieux , parce qu'ils sont l'œuvre d'un trop grand nombre d'architectes , obligés d'occuper une foule d'ouvriers dont ils ne peuvent apprécier la valeur. Si les Instituteurs sont devenus des ennemis de la société , c'est qu'ils sont une émanation du Pouvoir central. Jamais, avant la création des écoles normales , on n'avait eu à se plaindre des Instituteurs. On a voulu en faire des fonctionnaires publics , dans l'espérance d'en tirer politiquement de puissants secours , et le but a été manqué de la manière la plus complète ; on s'est créé des adversaires pleins d'audace et de mauvais vouloir. Si les communes eussent conservé leur liberté d'action , le mal que l'on redoute à présent , avec juste raison , n'eût pas établi en tous lieux de profondes racines , et l'Etat n'aurait pas à se repentir d'avoir réchauffé et nourri l'aspic qui cherche à le mordre au sein.

C'est, à n'en pas douter, à cette mauvaise pensée de vouloir tout envahir, que la France doit la position inquiétante où elle se trouve réduite aujourd'hui , et cela s'explique aisément.

Le propriétaire de riches domaines , placés dans des conditions différentes du sol, qui s'imaginerait de les faire valoir par lui-même , sous l'inspection d'agents rétribués , absorberait en frais une grande portion de ses produits , verrait bientôt , à cause d'une négligence facile à comprendre, certaines parties du sol rester sans culture, ne trouverait jamais le moyen de s'attirer les sympathies des travailleurs , par suite

de la rigueur avec laquelle les agents ne man-
queraient pas de se comporter à leur égard,
afin d'acquérir les bonnes grâces du maître et
de donner des preuves de leur zèle intéressé.
Telle est la position d'un Pays où toutes les libertés administratives sont fatalement compri-
mées. Les Romains, ce peuple si habile dans
sa conduite gouvernementale, n'agissaient point
ainsi. Les provinces étaient chargées de se
diriger elles—mêmes , seulement la métropole
leur envoyait un préteur pour commander les
troupes et un questeur pour faire rentrer les
impôts. Telle fut la position de la Sicile après
la première guerre punique ; aussi Cicéron la
comparait-il à une vaste métairie où la République trouvait à puiser des produits de toute
nature. Mais, sans se reporter aux exemples
de l'antique histoire, il suffit de jeter un coup-
d'œil sur le gouvernement des Etats-Unis, dont,
il y a peu de temps encore, la Démocratie
française faisait l'objet de ses plus chères préoccupations.

A la vérité, les Etats-Unis forment une république fédérée, et ce système ne conviendrait pas à la France ; mais la liberté com-

munale n'entraîne nullement le fédéralisme après elle ; la constitutionnelle Angleterre , avec son gouvernement aristocratico-démocratique, est sous l'empire de l'unité la plus complète , et ses communes sont largement émancipées. Chez nous , il n'en est pas ainsi ; aussi la France est-elle toute à Paris. Si vous voyagez en Italie , en Allemagne, en Hollande, il ne vous suffira pas de visiter Amsterdam, Vienne et Berlin, Dresde et Munich, Rome et Naples, Florence et Turin, vous ne rencontrerez pas une petite ville, un bourg, un village qui n'ait à vous offrir un monument, quelques objets d'art, quelques richesses particulières ; l'étranger qui veut connaître la France, n'a pas besoin de parcourir ses quatre cents lieues du nord au midi, ses deux cents lieues de l'est à l'ouest ; il ne lui reste plus rien à apprécier quand il a vu le point où s'est fixée la centralisation. C'est à Paris que va s'enfouir chaque année toute la fortune de la France, pour l'agrandissement de cette cité souveraine , pour ses plaisirs, pour son utilité, pour satisfaire au bien-être de ses élus, pour la décoration de ses nombreux palais , qui finiront par se heurter comme autrefois dans la cité des Césars, quand elle était la maîtresse du monde. Les villes de la province sont entièrement dénudées; s'il leur reste quelques monuments, presque toujours envahis par les agents de l'administration centrale, ce sont des débris du passé; si elles sont dans l'obligation d'élever un édifice absolument nécessaire à leurs besoins, c'est, d'un côté, en demandant une aumône à l'Etat, de l'autre, en suivant le ruineux système financier qui consiste à compromettre l'avenir au bénéfice du présent.

Si nous passons à un autre ordre de choses , nous n'aurons pas de moindres plaintes à élever. Il est facile de comprendre combien il serait à désirer , dans l'intérêt général du pays et dans l'intérêt de l'agriculture en particulier , que les campagnes ne fussent pas complètement abandonnées par les propriétaires du sol ; et cependant c'est le résultat qu'a produit la centralisation. Si l'on veut avoir un exemple frappant de ce que l'agriculture gagnerait en ramenant les populations dans les campagnes , il suffira de voir quelle est la différence de culture aux environs des villes riches , avec ce qu'elle est au fond des terres privées des ressources nécessaires pour la faire progresser.

Le désir de tenir à quelque chose , l'envie d'occuper les emplois auxquels se rattachent honneur et profit , conduisent sans cesse les hommes d'action et d'intelligence à se rapprocher du Pouvoir, seul dispensateur de toutes les grâces ; l'émigration des propriétaires a entraîné celle des ouvriers ruraux, qui trouvant à gagner un plus haut prix dans les villes n'ont plus abandonné la voie qu'on leur avait ouverte ; dès-lors les campagnes se sont véritablement dépeuplées, ou du moins n'ont pas suivi la progression naturelle que semblait exiger le chiffre croissant de la population. La décentralisation administrative , la multiplication des emplois honorifiques pour la faire mouvoir , l'élection populaire à ces emplois , seraient des moyens propres à ramener le trop plein des centres à la circonférence.

Paris n'a pas seulement absorbé tous les pouvoirs , il a encore absorbé toute la fortune publique, toutes les intelligences , il concentre les riches qui ne trouvent plus en province de quoi satisfaire leur vanité ou leurs plaisirs, il concentre les pauvres qui croient y rencontrer plus de moyens d'existence. Il offre en même temps l'aspect du luxe le plus effréné et de la misère la plus hideuse.

Si l'on parvenait à ramener les propriétaires dans les campagnes , alors on y ramènerait l'aisance en y retenant l'argent qui va se dé-penser sans utilité dans les villes. Les hom-mes dont l'activité a besoin d'être mise en mouvement trouvent , au milieu des cités po-puleuses, les moyens de la satisfaire, avec les préoccupations de la politique. Forcés par la nature des choses de reprendre la vie des champs, ils se livreraient sans nul doute à des travaux d'amélioration , rétabliraient peu à peu le déplacement de la population , et mettraient leur orgueil à ne pas voir la misère régner autour d'eux. Ce serait peut-être la meilleure solution à donner à toutes les théories , à tous les projets d'assistance publique , dont on se préoccupe activement , sans avoir toutefois l'espérance d'apporter un remède à cette lèpre dangereuse qui dévore la société , et qu'on ap-pelle paupérisme.

Le paupérisme est engendré surtout par l'absence d'idées religieuses. On a fait depuis un siècle tous les efforts imaginables pour substituer dans les cœurs, à l'esprit de charité, le plus honteux égoïsme ; pour faire naître l'ambition chez les intrigants, la jalousie chez les incapables, et pour faire disparaître chez tous ce sentiment de fraternité sincère, dont on a fini par rendre le nom même ridicule, en le prodiguant comme une enseigne menteuse, sur l'étoffe de nos drapeaux et sur le fronton de nos édifices publics.

La bienfaisance, abandonnée en Angleterre à une liberté complète d'action individuelle, même quand le gouvernement croit devoir l'encourager par des subventions, n'est jamais onéreuse pour le trésor et arrive plus directement à son but. En France il n'en est pas ainsi ; car aussitôt que l'Etat touche à quelque chose, il l'absorbe, dès qu'il vient en aide à la charité publique, il veut la diriger suivant son esprit d'envahissement, il s'empresse de créer une armée d'employés supérieurs et subalternes, qui, par leurs traitements, détournent la majeure partie du revenu destiné à soulager l'infortune.

La décentralisation, prudemment appliquée à

notre forme gouvernementale , serait donc sous tous les rapports favorables aux diverses classes de la société ; et , n'en déplaise à la démagogie , qui la repousse avec raison comme nuisible à la mise en œuvre de ses projets anti-sociaux , elle serait l'arche sainte où se trouverait renfermée la véritable souveraineté de la démocratie.

Nous devons à ce dernier mot un léger commentaire. Les révolutions ont une faculté toute spéciale , c'est celle d'user, en peu de temps , les hommes , les choses et les mots. Sous ce dernier rapport , il est bon nombre d'expressions , vraiment dignes et nobles en elles-mêmes , dont on n'ose plus faire usage : Patriote , Démocrate , Citoyen, sonnent mal aux oreilles de beaucoup de gens, et ces expressions entraînent après elles une teinte anarchique assurément bien éloignée de leur origine.

C'est un abus contre lequel nous n'avons pas la prétention de nous élever , mais comme nous tenons à nous expliquer de la manière la plus claire , nous disons une fois pour toutes , qu'en nous servant du mot Démocratie, par exemple, nous le prenons toujours dans son acception la plus simple et la plus légitime.

VI

Le vote universel est de tous les droits conquis par la Démocratie, celui dont elle doit être le plus jalouse, car en lui réside sa force, sa puissance, sa liberté. Toutefois, nous le disons avec franchise, il y aurait injustice, dans l'intérêt même de l'immense majorité du peuple, à ce que ce droit s'exerçât long-temps sans les moindres restrictions. Pour partager un bénéfice, n'est-il pas raisonnable d'avoir à en supporter les charges, ne fût-ce que dans les plus minimes proportions. Le vote universel devrait donc s'arrêter là où le citoyen cesse d'apporter un faible tribut à la communauté ; car alors il

n'a aucun intérêt à la défendre et presque toujours, au contraire, il en devient l'ennemi naturel, par un sentiment inhérent d'ordinaire à
notre malheureuse humanité.

Il n'entre pas dans notre pensée d'attaquer
ici la Constitution de 1848, qui elle-même
comprend la nécessité d'une révision; d'ailleurs,
comme nous l'avons déjà dit, avec un régime
populaire, les lois constitutives ne peuvent
avoir un caractère de pérennité, sous peine de
se trouver presque continuellement en opposition avec la puissance dont elles émanent.

Qu'un roi ou un monarque quelconque con-
cède à son peuple une Charte, que le peuple
l'exige ou l'impose à son prince, rien de mieux,
c'est le contrat qui lie le prince à la nation,
ce sont les droits et les devoirs écrits de chacun, dont ils ne peuvent s'écarter sans préva-
riquer ; qu'une République fédérative même
jette les bases d'une constitution pour lier entre elles les différentes provinces, ayant des
droits particuliers, et destinées à composer l'U-
nion, cela se comprend encore ; mais que, dans
une République *unitaire* et démocratique, les élus

d'aujourd'hui veuillent imposer des lois aux élus de demain, c'est un acte d'inconséquence impardonnable, car c'est vouloir enchaîner par avance la véritable souveraineté, la souveraineté du peuple.

Sans toutefois vouloir faire la critique de la Constitution, nous ne pouvons cependant nous empêcher de lui adresser un reproche grave, c'est de s'être préoccupée, dans la forme gouvernementale qu'elle nous a imposée, de satisfaire les passions du moment, tout en remontant vers les idées du passé, plutôt que de nous entourer de garanties solides et de longue durée. En effet, un Président temporaire et non rééligible, placé à la tête du gouvernement avec une autorité presque royale, n'est-il pas un brandon de discorde, destiné à jeter périodiquement l'inquiétude dans tous les esprits. Chargé de nommer les ministres auxquels sont confiés les soins de l'administration ; de deux choses l'une, ou il s'effacera complètement derrière leur responsabilité, en les abandonnant à leur libre arbitre pour ce qui concerne la conduite de leurs départements respectifs, ou il voudra faire prédominer sa volonté personnelle, et dès-lors, il choisira des hommes d'une médiocre valeur, mais entièrement soumis à sa discrétion. Le mal n'est pas moins patent d'un côté que de l'autre.

La direction des affaires publiques, laissée à un certain nombre de ministres, dont le pouvoir distinct et plus ou moins limité ne peut jamais offrir une homogénéité complète, est, pour ainsi dire, une invention moderne. L'antiquité eut bien à supporter tantôt la tyrannie d'un empereur ou le despotisme d'un roi, tantôt la volonté d'un sénat ou le pouvoir d'un général victorieux, tantôt le règne éphémère et presque toujours funeste d'un favori, mais elle ne fut jamais soumise à cette sorte d'autorité oligarchique, véritable enfantement bâtard, chargée de gouverner au nom de l'autorité supérieure qui la délègue. Le ministère, dans les pays où l'on vit sous l'empire d'une constitution, Monarchie ou République, est ce que l'on appelle le Gouvernement. L'immense désavantage de cette forme gouvernementale est de présenter l'assemblage de diverses volontés s'exerçant d'une manière directe, et, pour ainsi dire, sans contrôle, chacune dans le département qui

lui est confié ; d'où naissent naturellement des
tiraillements nombreux et l'impossibilité matérielle d'apporter aucune innovation utile aux
diverses branches de l'administration.

En effet, les ministres, placés entre le chef
de l'Etat qui leur confère des pouvoirs et les
administrés dont ils sont chargés de défendre
les intérêts, sentent continuellement la fausseté
de leur brillante position, et néanmoins toutes
leurs préoccupations tendent à la conserver.
Pour se maintenir dans les bonnes grâces de
l'un, ils flattent son orgueil et sa susceptibi-
lité, pour obtenir la majorité parmi les autres
et faire taire les réclamations, ils ont recours
à toutes sortes de moyens, dont les deniers publics font toujours les principaux frais ; ils
créent des fonctions inutiles, ils accordent à la
faveur ce qui devrait appartenir à la justice;
ils redoutent les changements, ils tremblent devant le progrès; ils protègent les forts, au détriment des faibles, car les forts seuls peuvent
leur servir de soutien. La politique du ministère, sous un tel gouvernement, est naturellement ambiguë, molle, énervée; rien de franc,
de décisif, de noble, de généreux. Les affaires

publiques se traînent péniblement ; l'attitude, à l'égard de l'étranger, est sans vigueur ; la crainte de la guerre fait acheter la paix à tout prix, au moyen d'une diplomatie mesquine.

Si le chef de l'Etat veut agir par lui-même, alors tous les hauts fonctionnaires , et même les fonctionnaires subalternes qui dépendent de ceux-ci , seront une émanation directe de sa volonté et se trouveront, par contre-coup, attachés à sa fortune. Comme cette fortune doit se trouver brisée à courte échéance , ils ne pourront jamais espérer aucune stabilité dans leur position personnelle , et leur conduite ne manquera pas de rester fort douteuse , dans la crainte de compromettre un avenir sur lequel ils ne sauraient compter. A l'expiration du mandat qui confère le Pouvoir exécutif, le nouvel élu , dont l'ambition aura mis en avant toutes les intrigues propres à lui conférer ce titre élevé, aura des promesses à remplir, des engagements à satisfaire , des dévouements individuels à récompenser. Il craindra l'influence des agents nommés par son prédécesseur, et ne se croira sûr de son autorité, qu'après l'avoir largement exercée. De là, de nombreuses destitutions, des mises à la retraite, des remaniements dans les administrations, des appréhensions naturelles dans tous les esprits. Pense-t-on que ce soit là l'état normal d'un gouvernement ami de la paix et protecteur des intérêts généraux ? Pense-t-on qu'avec un tel élément de perturbation, on puisse affermir la confiance, la confiance sans laquelle il n'y a pas de commerce possible, sans laquelle l'industrie, enserrée entre des bornes étroites, se contente de vivre au jour le jour, sans laquelle les grandes entreprises. qui demandent dix, quinze ou vingt ans, avant d'offrir une solution fructueuse, sont remises à des temps plus heureux ?

Cela se comprendrait chez un petit peuple à demi barbare et essentiellement guerrier, mais pour une grande nation civilisée, agricole et industrielle, c'est une entrave perpétuelle jetée sous les roues du char qui doit porter sa fortune.

Tout ce qui tend à faire naître la foi dans l'avenir concourt à la grandeur des Etats, tout ce qui peut engendrer les troubles produit un effet contraire. La véritable cause des révolutions n'a pas ordinairement pour base , chez ceux qui les dirigent , l'amour sincère du bien public ; ils les font au nom de la liberté, mais avec la ferme intention d'y substituer bientôt leurs volontés despotiques. Ils ambitionnent le Pouvoir , les honneurs et la richesse , qu'ils voient d'un œil d'envie placés en d'autres mains ; leurs agents secondaires travaillent à la curée des traitements ; quant aux soldats de l'insurrection , encouragés par les promesses les plus fallacieuses et souvent les plus injustes , ils s'abandonnent sans réflexion à leurs mauvais instincts , avec l'espoir d'assouvir momentanément leurs passions matérielles ; quittes à devenir sous peu les victimes de ceux dont ils ont servi la cause , même au prix de leur sang.

Le jour où l'on aura compris. la nécessité de rendre à peu près gratuites les hautes fonctions gouvernementales , en se bornant à offrir un traitement modeste aux emplois qui demandent un travail sans honneur , on aura, en grande partie , scellé la porte par laquelle s'échappent les révolutions. C'était cette conviction profonde qui nous faisait dire , au moment même où la République venait de s'é-

tablir triomphante à la suite des vociférations
de l'émeute :

« Dans les gouvernements purement mo -
« narchiques , les hautes fonctions de l'Etat
« apportent aux titulaires considération et pro-
« fit , car il faut des hommes dévoués au
« système du prince , en dehors des intérêts
« de la nation, et on les achète à prix d'ar-
« gent.

« Dans un gouvernement établi sur le pied
« de l'égalité, où les hommes appelés au Pou-
« voir par les vœux du peuple n'ont jamais
« besoin de recourir à la fraude et à l'intri-
« gue , il est inutile de payer les consciences.
« On ne manquera jamais d'hommes disposés
« à servir utilement leur pays en échange
« de l'honneur que le pays voudra bien leur
« concéder.

« Il faut que celui qui possède donne son
« temps gratuitement pour la cause commune ;
« il trouvera une rémunération suffisante dans
« la reconnaissance de ses concitoyens.

11

« Rendez gratuites les fonctions de minis-
« tres , de conseillers d'Etat , de maître des
« requêtes , de préfets , etc., etc.

« Et surtout laissez gratuit l'honneur de re-
« présenter la nation.

« Avez-vous jamais manqué de députés, de
« maires , de conseillers généraux , de con-
« seillers municipaux ?

« Vous semblez craindre de ne pouvoir ainsi
« employer toutes les intelligences. Eh ! la
« France déborde d'intelligences. Combien n'en
« avez-vous pas usé depuis 25 ans auxquelles
« vous aviez décerné des couronnes civiques ?
« Vous aurez fermé une porte aux intrigants ,
« voilà tout ; vous aurez sapé la base hon-
« teuse de la corruption.

« Soyez tranquilles , en fait de ministres ,
« de préfets , vous n'aurez que l'embarras du
« choix.

« Et vous aurez des hommes libres , des
« hommes dévoués à la cause de la nation ,

« et non des valets du Pouvoir quel qu'il
soit.

« Ne jetez pas des cent mille francs et plus
« à la tête de vos receveurs-généraux. Il vous
« faut de grands capitalistes, parce qu'il vous
« faut de grands cautionnements ; donnez-leur
« dix pour cent d'intérêt de ces cautionne —
« ments , vous les forcerez ainsi à travailler
« pour retirer un bénéfice *certain* de leurs
« capitaux.

« Donnez des frais de représentation à vos
« hauts fonctionnaires. Par exemple , vingt mille
« francs à vos ministres, quelques mille francs
« à vos préfets.

« Réduisez le nombre de ces ministres, abo-
« lissez toutes les sinécures , taillez impitoya-
« blement toutes les superfétations parasites
« des administrations. Les rouages inutiles
« d'une mécanique entravent sa marche et ren-
« dent ses mouvements plus difficiles.

« Vous blesserez quelques individualités.

« Vous satisferez la masse de la nation tout
« entière , car vous avez à faire un meilleur
« emploi de votre budget (1). »

Notre langage d'alors est encore notre langage d'aujourd'hui. Quand la Chambre n'était pas rétribuée, n'y rencontrait-on pas d'hommes capables ? Quelles sont donc les hautes sommités qu'on n'y verrait pas figurer en faisant disparaître l'indemnité de vingt-cinq francs par jour ? Les conseillers généraux , les conseillers municipaux , les maires ne reçoivent aucune rémunération, et le plus grand nombre d'entre eux s'acquittent de leur mission avec conscience. Le maire d'une grande ville n'a-t-il pas besoin d'être un bon administrateur et de sacrifier la majeure partie de son temps aux affaires de la commune ? et cependant , si , comme nous le croyons possible, on parvenait à séparer la politique de l'administration , jamais on ne se trouverait embarrassé pour faire remplir dignement cette fonction.

(1) Un républicain du lendemain, Paris , in-16 , 1848.

« L'idée de partager le budget », ajoutions-
nous dans l'ouvrage que nous venons de
citer tout à l'heure , « aux hautes fonctions
« honorifiques, pour créer des hommes entiè-
« rement dévoués au gouvernement de fait
« sera toujours la ruine de la véritable liberté.

« Pour avoir des hommes dévoués à la
« cause publique, pour avoir des hommes in-
« dépendants , il ne faut pas que leur cons-
« cience succombe sous le poids de leur trai-
« tement.....

« L'état doit rémunérer les fonctionnaires
« utiles, il ne doit pas les enrichir. Je ne vou-
« drais pas qu'il y eût un seul traitement au-
« dessus de dix mille francs ; mais aussi je
« ne voudrais pas qu'il y en eût un seul dans
« les villes au-dessous de quinze cents francs.

« De malheureux employés, obligés de don-
« ner chaque jour huit heures de leur temps
« aux travaux fastidieux de la bureaucratie ,
« sont souvent moins rémunérés qu'un ma-
« nœuvre , bien qu'ils aient comme lui une fa-
« mille à nourrir et à élever ; c'est le comble de

« l'injustice, c'est un pitoyable abus qu'on doit
« se hâter de faire disparaître.

« Il ne faut pas que ceux dont la tâche
« est souvent la moins lourde à supporter ,
« viennent prendre dans le budget une part
« qui leur permette de se procurer toutes les
« jouissances de la vie , quand les véritables
« travailleurs y trouvent à peine le nécessaire. »

Malheureusement ces améliorations ne peuvent s'obtenir sans de notables changements apportés à la marche gouvernementale, et le grand obstacle pour les obtenir provient principalement de ce que ceux dont ils dépendent, en majeure partie , seraient loin de s'en trouver satisfaits sous le rapport de leur bien-être personnel. Périssent, ne craindraient-ils pas de se dire en eux-mêmes , l'Etat et la société, plutôt que de renoncer aux traitements dont il est juste de nous gratifier ! Ils accorderaient peut-être volontiers quelques modifications peu importantes , s'ils pouvaient même espérer de les faire tourner à leur profit, mais la crainte de se voir déposséder de la position lucrative où ils se tiennent cramponnés , leur fait rejeter avec terreur toute innovation , sans même se donner la peine d'en examiner les conséquences.

Nous ne nous arrêterons pas à réfuter les raisons mises en avant par les partisans intéressés au maintien de l'ordre de choses actuel. Les emplois supérieurs , disent-ils , doivent être richement rétribués, c'est le seul moyen de les faire remplir par de hautes capacités ; les fonctions éminentes doivent prendre une large part au budget, afin de mettre les titulaires à même de se livrer à de grandes dépenses , qui ont l'avantage d'imprimer une certaine activité au commerce. Sur quelle base en vérité repose un semblable raisonnement, si ce n'est sur les injustes errements du socialisme , qui consistent à prendre dans la poche du véritable propriétaire , l'argent destiné à remplir la poche de celui qui ne possède rien ? Et encore le socialisme établit-il partout l'égalité, quand le système des gros traitements tend à dépouiller la majorité au bénéfice d'une minorité, le plus souvent fort bien traitée déjà par la fortune, et impropre à produire les moindres avantages au pays , impropre à lui donner les moindres garanties , impropre à lui assurer la sécurité dont il a le plus besoin. Cette erreur, propagée à satiété par tous ceux qui ont intérêt à l'exploiter, serait tout au plus permise sous une Monarchie absolue ; mais avec un gouvernement populaire, on ne peut, sans ridicule, admettre la nécessité de grever sans mesure la fortune publique, quand il est facile d'arriver aux mêmes résultats par des moyens plus équitables et plus économiques.

Nous avons franchement expliqué jusqu'ici ce que nous entendions par les deux mots placés en tête de ce livre, le BUDGET et la CENTRALISATION. Nous avons dit que nous les considérions comme deux lèpres dangereuses dont la France était dévorée ; nous avons dit quels remèdes nous voudrions voir apporter à la première de ces maladies, nous allons maintenant exposer rapidement de quelle manière et dans quelles limites nous désirerions voir s'introduire la décentralisation.

VII

Nous n'avons pas, comme on le pense bien, la prétention de rédiger un projet complet d'organisation gouvernementale ; notre tâche se trouve donc fort simplifiée, puisque, laissant de côté les détails qui ont toujours besoin d'un minutieux examen, nous voulons nous borner à indiquer sommairement le plan que nous regardons comme propre à bien faire fonctionner la grande administration du pays.

Nous croyons que le pays pourrait être divisé en quatre Communautés distinctes. ayant chacune ses droits, ses libertés, ses franchises particulières, tout en restant fidèlement soumises aux lois maintenues ou adoptées par le conseil général supérieur, autrement dit la Représentation nationale, produit du vote universel.

Ces quatre Communautés seraient la commune, le canton, le département, la France. A la tête de celle-ci se trouverait le chef de l'Etat, inamovible en sa qualité de Président d'une magistrature suprême, ayant deux ou trois conseillers ou ministres pour l'Intérieur et le Budget, la force publique et les relations extérieures, responsable de leurs actes et justiciable lui-même devant le Pouvoir constitué par le peuple, s'il songeait jamais à abuser des droits qui lui seraient légalement concédés. Dès-lors, un tel chef, fût-il même paré d'une couronne, ne pourrait porter ombrage à la Démocratie, car cette couronne serait dépourvue de ses plus riches ornements, serait privée de ses joyaux les plus précieux.

Le Conseil-d'Etat, véritable tribunal placé entre le Pouvoir et les administrés, serait chargé, non-seulement de préparer les lois, mais encore de juger en dernier ressort les questions en litige ; il deviendrait inamovible, pour garantir son indépendance ; et, pour la garantir encore mieux, il pourvoirait lui-même aux vacances que la mort ou les démissions viendraient apporter dans son sein. Toutes les directions générales des administrations, dont la principale utilité consiste à entretenir richement de nombreux états-majors, pourraient, sans difficulté, et avec une assez grande économie, aller se confondre, dans les Divisions qui leur sont spéciales, aux Ministères dont elles dépendent.

La Communauté supérieure étendrait ses droits sur la direction politique et législative des autres Communautés, et placerait, en conséquence, au chef-lieu de chaque département, un Inspecteur général ou Préfet, ayant mission de maintenir l'unité sous ce double rapport, et de s'opposer aux abus ou aux empiètements susceptibles de s'introduire dans les diverses branches des administrations communales, confiées à la direction des magistrats populaires.

L'organisation de la seconde Communauté,

que nous venons d'appeler *départementale*, a été de la part de l'honorable M. Raudot, représentant de l'Yonne, l'objet d'un rapport dont nous croyons pouvoir faire usage ici, en nous permettant d'y ajouter quelques réflexions.

« La France jouit déjà, dit-il, d'une grande « institution libre, des conseils-généraux.

« Toutes leurs attributions actuelles doivent « être conservées, nous proposons de leur en « conférer une nouvelle très-importante.

§ I.

« D'après la législation belge, les conseils « provinciaux ont droit de présentation pour « les principales places de la magistrature as- « sise ; ce système fonctionne en Belgique de- « puis 1832, et avec grand avantage ; nous « voudrions donner des droits à peu près « semblables aux conseils-généraux de France.

« Aujourd'hui, le sort de tous les candidats « à la magistrature, de tous les magistrats « dignes d'avancement, se décide entièrement

« dans la capitale et dépend des sollicitations;
« l'activité intrigante a quelquefois plus de
« succès que le mérite et la vertu. Si les con-
« seillers généraux , investis de la confiance
« des populations , avaient à présenter des
« candidats , leurs regards se porteraient na-
« turellement sur les hommes qui auraient
« déjà su se faire un nom et commander la
« considération dans leur pays , et on ne ver-
« rait plus de ces magistrats nomades par-
« courant la France , comme le ferait un agent
« des administrations financières pour obtenir
« une place plus rétribuée.

« Ces nouvelles attributions attaqueraient un
« des vices de cette centralisation excessive qui
« dispose souverainement à Paris de toutes
« les existences , qui continuellement arrache
« les hommes à leurs pays et tend à abaisser
« les âmes par la nécessité de faire sans cesse
« le métier de solliciteurs. »

Nous sommes parfaitement d'avis qu'il serait fort important d'entourer la magistrature
assise de toute l'indépendance possible, et surtout de la soustraire à cette vie d'intrigue et

de coterie, devenue le seul moyen d'avancement dans presque toutes les fonctions publiques ; mais nous croyons qu'il y aurait danger à pourvoir les conseils-généraux d'une prépondérance à la suite de laquelle on pourrait craindre de voir s'introduire le népotisme. La magistrature tire la majeure partie de sa force de son inamovibilité, nous préférerions, pour lui donner plus de considération encore, qu'elle se recrutât à l'élection des magistrats eux-mêmes, chaque tribunal dans le ressort de sa cour d'appel ; ce serait la rendre véritablement indépendante et assurer de plus grandes garanties aux justiciables. Nous voudrions qu'elle fût surtout honorifique, car plus on la fait lucrative, plus on acquiert le droit de la corrompre.

« Nous établissons ensuite en principe que,
« sauf des cas très-rares, le contrôle sur les
« délibérations du conseil-général ne doit pas
« se faire à Paris, mais dans le département
« même, par le préfet, assisté du conseil de
« préfecture, et que toute délibération qui
« n'aura pas été annulée, modifiée ou ap-
« prouvée dans un délai déterminé sera dé-

« finitive et exécutoire, ainsi qu'on l'a fort sa-
« gement prescrit en Belgique.

« Par ces innovations capitales, toutes les
« lenteurs, tous les dénis de justice de la bu-
« reaucratie disparaissent. »

Lorsque la Hollande vivait en république, à
l'époque où, par son industrie et la sagesse de
ses lois, elle avait amassé d'immenses richesses,
où ses flottes couvraient les mers, où son agriculture était admirée par tous les autres pays,
où les arts étaient protégés et florissants, où
elle excitait l'envie et la rivalité impuissante
de l'Angleterre, qui devait un jour la dépouiller
de sa splendeur, la Hollande était adminis-
trée par des magistrats temporaires et amovibles, près desquels siégeaient des conseillers
perpétuels, dépositaires inflexibles des lois et
des réglements ; privés à la vérité de la voix
délibérative, mais toujours utilement consultés
par suite de leur longue expérience.

Telle est à peu près la manière dont nous
entendrions faire fonctionner le conseil de préfecture ; ce serait une sorte de tribunal admi-

nistratif, placé entre le délégué du conseil-général du département et l'agent direct de la
Communauté supérieure. Toute contestation non
résolue sur les lieux, serait soumise au jugement du Conseil-d'Etat.

§ II.

« Cette institution admirable des conseils-gé-
« néraux qui a déjà rendu des services con-
« sidérables aux départements leur en rendra
« ainsi de plus grands encore ; mais, pour
« compléter le bien qu'on en doit espérer, il
« lui manque un principe fécond que le gou-
« vernement nouveau doit lui donner dans
« son intérêt , comme dans l'intérêt de la
« France.

« Le corps municipal d'une commune, com-
« posé du maire , de ses adjoints et du con-
« seil, présente un tout homogène et complet.
« Là , se trouve la délibération et l'action.
« Des hommes du pays , nommés directement
« ou indirectement par leurs concitoyens, vo-

« tent les dépenses , préparent les projets , les
« adoptent les exécutent, la pensée et l'exé-
« cution sont homogènes. »

L'organisation du personnel de la commune
est aussi libérale que possible , mais la commune est bien loin de posséder tous les droits
que semble lui reconnaître l'honorable M. Raudot.
Il vaudrait mieux que cette organisation fût
un peu moins libérale et qu'on accordât , sous le
rapport de l'administration, un peu plus de libertés. Un maire , appuyé de son conseil , ne
peut rien faire , rien entreprendre, rien exécuter
sans avoir une autorisation préalable , même
pour les choses les plus futiles ou les plus
urgentes. Et Dieu sait combien ces autorisa-
tions se font le plus souvent attendre. On ne
les reçoit même ordinairement qu'après les
avoir réclamées plusieurs fois. Nous connais-
sons un maire qui , ayant eu besoin d'avancer
une somme de deux mille francs pour le soulagement des pauvres, pendant l'hiver, avait
expédié sa demande en bonne forme , au préfet , dès le commencement d'octobre. Ses lettres de rappel ne firent pas défaut , et malgré
tout on la lui renvoyait seulement au mois

de mars suivant, après l'avoir laissée dormir
six mois dans les cartons du Ministère.

« Il n'en est pas de même pour le dé-
« partement. Le conseil-général est bien le
« produit de l'élection comme le conseil mu-
« nicipal, mais celui qui exécute les délibé-
« rations de ce grand conseil n'est pas l'homme
« choisi par ses concitoyens, n'est pas l'homme
« du pays, c'est le préfet.

« Le préfet a une double fonction. Il est
« l'homme du Pouvoir central, veillant à l'exé-
« cution des lois et des ordres du gouverne-
« ment ; il est aussi l'administrateur direct
« des Finances et des propriétés du départe-
« ment.

« Ses fonctions de commissaire général
« doivent être soigneusement conservées ; elles
« maintiennent l'unité et le bon ordre dans
« l'Etat, mais ses fonctions d'administra -
« teur particulier des affaires départementa-
« les doivent lui être retirées dans l'intérêt
« du gouvernement lui-même, des départe-
« ments et de la prospérité générale.

§ III.

« Le préfet est actuellement surchargé d'af-
« faires et de détails de toute espèce ; les pe-
« tites choses lui font nécessairement négliger
« les grandes ; il devient souvent, malgré tout
« le zèle qu'il peut avoir, une machine à si-
« gnatures. Dans un département moyen , le
« préfet reçoit par jour soixante à soixante-dix
« paquets qui contiennent cent affaires envi-
« ron , et il a quarante mille signatures au
« moins à donner dans l'année. Notez que ce
« haut fonctionnaire doit consacrer plus d'un
« mois , chaque année , aux opérations très-
« fatigantes du recrutement.

« En réglant l'organisation municipale, nous
« diminuons sans doute, non pas l'importance ,
« mais la quantité de ses travaux, toutefois ,
« il en conservera encore bien plus qu'il n'en
« pourra faire personnellement ; lui ôter les
« attributions si minutieuses et si étendues d'ad-
« ministrateur municipal du département ; exo-
« nérer le gouvernement de la responsabilité
« morale de toutes les fautes que peut faire

« le préfet , étranger aux localités , comme ad-
« ministrateur municipal ; laisser ce haut fonc-
« tionnaire tout entier à ses fonctions d'ins-
« pecteur et de commissaire général , à ses
« fonctions politiques , c'est une mesure émi-
« nemment utile au gouvernement qui doit
« bien se garder de tout faire , mais veiller à
« ce que tout se fasse bien.

« D'un autre côté , n'est-il pas à désirer ,
« dans l'intérêt de tous , et surtout dans l'in-
« térêt du gouvernement , que les ministres
« ne continuent pas à être surchargés d'af-
« faires de détail ; elles leur enlèvent le temps
« si précieux qu'ils devraient consacrer aux
« grandes affaires. Sous ce régime abrutissant,
« ils cessent d'être des hommes d'Etat pour
« devenir des hommes de peine, des griffes
« à signatures ; en réalité leurs commis décident
« seuls les affaires sans en avoir la responsa-
« bilité ; leurs commis sont leurs maîtres. Eh
« bien ! une des grandes causes de cet encom-
« brement de dossiers dans les ministères, et no-
« tamment au ministère de l'Intérieur, c'est l'at-
« tribution donnée aux préfets de l'administra-
« tion directe des intérêts départementaux.

« Comme le préfet est l'autorité la plus
« élevée du département, et qu'on ne pouvait
« cependant le laisser sans contrôle , on a dû
« nécessairement attirer à Paris toutes les af-
« faires départementales , tandis que si , au-
« dessous du préfet , il y avait un adminis-
« trateur de toutes ces affaires , le contrôle
« suprême pourrait naturellement être attri-
« bué au préfet comme représentant le Pou-
« voir central. Ce serait un bien pour l'au-
« torité morale du préfet , placé dans une
« sphère plus haute , pour le ministre débar-
« rassé des détails et rendu à sa véritable
« mission. »

L'action immédiate de l'agent gouvernemental , ne devrait pas , selon nous , s'exercer
d'une manière trop étendue , car autrement ce
serait créer des espèces de gouverneurs dont
la puissance individuelle ne serait peut-être
pas sans danger. Leur contrôle devrait se borner à ce qu'aucun acte de l'autorité populaire
ne s'écartât de la loi , leur mission devrait être
de juger les différents qui pourraient s'élever
entre les administrateurs et les administrés ;

leur surveillance devrait s'étendre sur toutes les Communautés soumises à leur inspection , principalement sóus le rapport politique et dans le but de maintenir partout l'unité. Mais en dehors de cela , nous croyons qu'il serait bon de laisser les conseils-généraux agir dans une sphère complète de liberté , sauf le cas où des intérêts lésés croiraient devoir avoir recours à une autre autorité.

§ IV.

« Quant à l'avantage pour les départements ,
« il est évident.

« D'abord , ils échapperaient aux lenteurs
« de la bureaucratie , à cette nécessité de tou-
« jours solliciter dans la capitale , qui refroi-
« dissent si souvent le zèle et étouffent tant
« d'améliorations. L'autorisation serait donnée
« promptement par le préfet , qui verrait les
« choses , les hommes , et non plus par des
« commis de la capitale qui ne les connaissent
« que par des rapports.

« Il y aurait bien d'autres avantages pour
« les départements.

« La politique présidant toujours aux choix
« des préfets, très-peu sont de bons adminis-
« trateurs municipaux.

« Lors même qu'ils auraient toutes les
« qualités requises, pourraient-ils bien admi-
« nistrer les intérêts départementaux?

« Ils ont pour cela trop d'autres occupations
« de tout genre.

« D'ailleurs, comme ils sont changés très-
« souvent, ils ne connaissent presque jamais
« complètement les affaires du département,
« et, lorsqu'ils commencent à les bien connaî-
« tre, on les envoie presque toujours dans
« une autre résidence.

« Avec cette mobilité des préfets, les bu-
« reaux, c'est-à-dire la routine et la crainte
« des innovations qui donnent une besogne
« nouvelle, paralysent les affaires, tuent les
« améliorations, et il ne peut y avoir aucun
« esprit d'initiative, aucun esprit de suite dans
« la conception des projets et l'exécution des
« travaux départementaux.

« Les préfets, presque toujours étrangers au
« département qu'ils administrent, sont indif-
« férents à sa prospérité. Comme ils savent
« parfaitement que la manière dont ils rem-
« pliront la partie politique de leurs fonctions
« leur procurera seule de l'avancement, ils
« s'attachent surtout à cette partie capitale
« pour eux, et ils négligent le reste.

« Si par hasard ils s'occupent sérieusement
« de quelque projet, c'est presque toujours
« un travail qui, par sa grande importance,
« attirera l'attention du public et du ministre,
« leur fera honneur, mais sera la ruine des
« Finances du département.

« On dit, je le sais, que le conseil-général
« stimule et contient le préfet.

« Le conseil peut quelque chose, sans doute,
« mais il est souvent impuissant ; il ne se
« réunit qu'une fois par an pendant quelques
« jours ; il voit les affaires avec soin, mais en
« passant. Tous les projets sont élaborés, pré-
« parés dans les bureaux de la préfecture et
« par les agents du Pouvoir central ; le con--

« seil-général , qui décide , n'a point d'expé-
« rience pratique ; il ne peut pas réellement
« contrôler les projets , il ne peut pas leur en
« opposer d'autres ; n'est-il pas obligé d'a-
« dopter ce qu'on lui présente , sauf à gémir
« ensuite sans fruit sur l'erreur ou la négli-
« gence de l'administration ?

« D'un autre côté , le conseil-général n'étant
« pour rien dans l'exécution confiée tout en-
« tière au préfet , agent dépendant du Pouvoir
« central , l'action des hommes du pays est
« nulle, et la routine est souveraine. Le pré-
« fet exécute ou est censé exécuter , à l'aide
« d'administrations hiérarchiques , recevant leur
« impulsion du centre , devant toujours suivre
« des règles uniformes , adoptées pour la
« France entière; tout s'immobilise , tout de-
« vient routine: plus d'innovations heureuses,
« plus d'esprit d'initiative, plus d'élan et d'a-
« méliorations dans les travaux de toute es-
« pèce. »

Dans les pays où la liberté des communes
est établie sur de larges bases , comme autrefois en Italie , comme en Angleterre , comme

en Hollande , comme dans certaines parties de l'Allemagne , les officiers populaires ne sont pas soumis aux derniers agents du Pouvoir central , les affaires publiques y sont mieux administrées , les intérêts généraux mieux appréciés , mieux connus , moins négligés ; la campagne n'est pas déserte , la misère se fait moins sentir , les petites villes sont plus habitées et plus florissantes ; l'activité se trouve mieux répartie. Tous les travaux , la construction des édifices publics , en premier lieu , entièrement confiés aux agents du pays , sont plus convenablement appropriés aux besoins de la localité , et prennent une physionomie plus en rapport avec l'esprit de la population à laquelle ils sont destinés ; la réparation des monuments existants ne se fait point attendre et devient dès-lors moins onéreuse. L'entretien des voies de communication , même les plus minimes , ne laisse rien à désirer , et tout s'opère avec économie , car chacun est là pour défendre ses intérêts. On ne peut espérer de semblables résultats d'un administrateur étranger au pays , surtout quand il n'est dirigé par aucun véritable intérêt particulier.

§ V.

« Avec une administration choisie par le
« conseil-général , tous ces inconvéniens dis-
« paraissent. »

« D'abord un conseil-général , traitant des
« affaires positives , et voyant les hommes à
« l'œuvre , nommerait nécessairement des hom-
« mes capables , des hommes distingués. Lors-
» qu'un corps choisit dans son sein celui qui
« doit le représenter , qui doit défendre ses
« intérêts les plus graves , il est impossible
« qu'il choisisse l'homme nul qui déconsidé-
« rerait le corps et trahirait ses intérêts. L'ex-
« périence démontre chaque jour cette vérité.

« Ensuite , cette administration n'ayant pou-
« voir que sur les affaires municipales du
« département, sans tutelle sur les communes ,
« sans aucune attribution politique , aurait le
« temps de connaître parfaitement ces affaires ,
« et de s'en occuper très-activement.

« Ces administrateurs du pays auraient leurs
« intérêts de fortune , de famille , de considé-

« ration dans le pays ; la responsabilité de
« leurs actes durerait autant que leur vie , qui
« doit se passer au milieu de leurs compa-
« triotes. S'ils administrent bien les affaires
« du département , ils verront s'accroître leur
« considération , qui augmentera l'héritage de
« leurs enfants.

« Tout ce qui peut agir puissamment sur
« les hommes engagera ces administrateurs à
« gérer les affaires de leur département avec
« dévouement, activité et économie.

« Ces administrateurs étant toujours des
« hommes dévoués au pays , ne dépendant pas
« des caprices de la politique , il y aura dans
« les projets , dans les travaux , un esprit de
« suite, d'initiative et d'amélioration qui con--
« tribuera puissamment à développer et ga-
« rantir la prospérité publique. »

Le délégué du conseil-général , devenu maire
ou administrateur du département , après avoir
été d'abord honoré des suffrages de son canton , après avoir été ensuite honoré des suffrages de ses collègues , ne pourrait manquer

d'offrir toutes les garanties qu'on est en droit d'exiger , car un honorable ambition le porterait à briguer de nouveau ces mêmes suffrages , et cela, nous n'en doutons pas, suffirait pour exciter son zèle et appeler toute son attention sur le service qu'on aurait confié à son patriotisme.

§ VI.

« L'expérience de la bonté de cette institu« tion est faite depuis long-temps , elle se fait
« tous les jours et partout. Chaque commune
« a une administration municipale composée
« nécessairement d'hommes du pays , élus di« rectement ou indirectement par leurs con« citoyens.

« L'analogie entre la commune et le dé« partement est parfaite. La ville a ses hô« pitaux , ses écoles primaires , ses colléges ,
« ses salles d'asile , ses corps-de-garde ; le
« département a ses hospices d'aliénés , les
« enfants trouvés , ses écoles normales , ses
« casernes de gendarmerie ; la ville a son hô« tel-de-ville , le département a ses hôtels de

« préfecture et de sous-préfecture ; la ville a
« ses chemins, ses rues, le département a
« ses routes, ses chemins, etc.

« Le préfet n'est pas administrateur des éta-
« blissements, des Finances, des propriétés de
« la commune ; pourquoi est-il l'administra-
« teur des Finances, des établissements, des
« propriétés du département ? On se trouve
« parfaitement bien d'avoir des maires et des
« adjoints désignés par le choix de leurs con-
« citoyens, hommes du pays, et on n'a pas
« encore imaginé d'envoyer de la capitale des
« maires et des adjoints à toutes les commu-
« nes ; on peut être certain que si jamais on
« avait recours à ce système, la prospérité des
« communes serait tarie dans sa source, et que
« la population serait encore bien plus diffi-
« cile à conduire et à maintenir, parce qu'il
« n'y aurait aucune autorité intermédiaire libre
« pour éclairer le Pouvoir central et les admi-
« nistrés, et que rien n'adoucirait les frotte-
« ments de la machine gouvernementale.

« Pourquoi ce qui réussit si bien pour les
« communes ne réussirait-il pas pour les dé-

« partements? L'administration municipale d'une
« ville et l'administration municipale d'un dé-
« partement sont exactement semblables ; les
« élus du conseil-général veilleront aux éta-
« blissements , aux travaux , aux routes , aux
« Finances du département , comme le maire
« et les adjoints veillent aux établissements ,
« aux travaux , aux chemins et rues , aux Fi-
« nances de leur ville ; on trouvera chez les
« premiers le zèle , l'émulation des seconds et
« même bien davantage , car le théâtre sera
« plus élevé , la récompense d'estime et de con-
« sidération plus grande encore.

§ VII.

« Le département , qui n'est qu'une grande
« commune , doit donc avoir son administra-
« tion municipale libre.

« Mais cette administration sera-t-elle col-
« lective ?

« D'après la Constitution de 1791 et celle
« de l'an III , il y avait , dans chaque dépar-

« tement, une administration collective : l'ex--
« périence n'a pas été heureuse.

« Il est vrai qu'on les avait chargées non-
« seulement des affaires municipales du dé-
« partement, mais encore de certaines affaires
« de l'Etat, ainsi que du contrôle et de la sur-
« veillance des administrations inférieures. Ces
« triples attributions réunies dans les mêmes
« mains avaient de grands inconvénients ; l'a-
« mour-propre fait qu'on néglige ses fonctions
« ordinaires, comme subalternes, pour s'occu-
« per surtout de celles qui vous donnent au-
« torité et suprématie : on ne peut pas juger
« du bien qu'auraient pu faire ces adminis-
« trations, si on ne leur avait confié que les
« affaires municipales du département.

« On peut invoquer en faveur du système
« des administrations collectives l'exemple de
« la Belgique. Les colléges des bourgmestres et
« échevins pour les communes, la commission
« permanente du conseil provincial présidée par
« le gouverneur, qui administrent les affaires
« des communes et de la province, ne sont pas
« autre chose que des administrations collec-

« tives , délibérant à la majorité des voix. Sans
« doute le système de ces administrations li-
« bres , composées d'hommes du pays , est
« supérieur au système d'un administrateur
« nommé par le Pouvoir central ; mais nous
« ne le croyons pas supérieur au système d'un
« administrateur du pays , choisi par les con-
« seils du pays , bien au contraire.

« Il est certain qu'une collection d'individus
« ayant les mêmes droits peut parfaitement
« juger une question , un litige , peut bien dé-
« libérer, mais que pour agir , l'unité est pré-
« férable. L'administration collective exécute
« avec lenteur , péniblement. Dans nos prin-
« cipes français, le Pouvoir exécutif doit être
« exercé par un seul. D'ailleurs , pour la ques-
« tion qui nous occupe , l'expérience, si heu-
« reuse du maire , qui a la plénitude du Pou-
« voir exécutif et la faculté de déléguer tout
« ou partie de ce Pouvoir à ses adjoints , doit
« nous décider à adopter le même principe
« pour l'administration départementale.

« Cette idée est aussi simple que juste. Le
« département est une grande commune , son

« administration sera exactement celle de la
« commune , tellement que la loi qui organise
« l'administration de la commune sera à peu
« près mot pour mot la loi qui organisera l'ad-
« ministration du département. Le conseil-gé-
« néral nommera son délégué et ses adjoints ,
« comme le conseil municipal nomme le maire
« et ses adjoints , et le délégué exécutera les
« délibérations légales du conseil-général, comme
« le maire exécute les délibérations légales du
« conseil municipal.

Nous nous sommes suffisamment expliqué
pour faire comprendre que nous n'admettrions
pas une administration collective , car nous la
considérons , dans les hautes sphères aussi bien
que dans les sphères inférieures, comme une entrave à la bonne exécution des délibérations les
plus sages et les mieux comprises. Nous préférerions voir accorder des droits moins étendus,
pour peu qu'ils fussent confiés à une volonté
unique. Si le maire, au sein de sa commune, ne
pouvait rien entreprendre sans l'assentiment de
ses adjoints, on verrait bientôt toutes les affaires languir , et le découragement remplacer le
zèle ordinaire des administrations communales.

§ VIII.

« Mais, nous dira-t-on, l'administration dé-
« partementale , telle que vous l'organisez ,
« peut avoir des avantages , nous le conce-
« vons ; mais elle ne peut être adoptée par
« une raison capitale : elle est contraire à
« la Constitution , notre règle suprême , qui
« ne parle que des conse ils–généraux , des
« conseils de préfecture et du préfet pour l'ad-
« ministration du département.

« Mais , d'abord , la Constitution ne définit
« les attributions d'aucune de ces autorités ,
« et notamment du conseil-général ; on peut
« lui conférer des attributions qu'il n'a pas
« aujourd'hui , et les pouvoirs de son délégué
« ne seraient qu'une émanation du conseil-gé-
« néral.

« Il est , d'ailleurs , une autre raison qui
« ne permet pas de s'arrêter à l'objection de
« violation de la Constitution.

« La révolution a été faite , non pas pour
« diminuer, mais pour augmenter les libertés

« de la France. La Constitution ne peut pas
« avoir pour résultat de restreindre ces libertés ;
« au contraire. Son silence sur une nouvelle
« institution libre n'est pas la proscription de
« cette institution. S'il en était autrement , la
« Constitution ne serait pas une œuvre de pro-
« grès , et il serait parfaitement inutile de
« faire des lois organiques sur les principales
« institutions de la France , et notamment sur
« l'organisation départementale , si ces lois
« n'avaient d'autre résultat que d'immobiliser
« ce qui existe.

« La Constitution garantit les institutions li-
« bres qui existent déjà , mais elle ne proscrit
« pas d'avance les institutions nouvelles à
« créer , qui ne sont contraires ni à son texte,
« ni à son esprit. Au contraire , elles les
« suppose , elle les appelle dans les lois or-
« ganiques. »

La Constitution ne peut être une objection
valable en pareille occurrence ; dans tous les
cas, comme le dit fort bien M. Raudot, elle
ne s'oppose en rien à ce que la somme des
libertés soit de plus en plus étendue ; mais

ceux qui ont fondé la République sont bien aise de mettre en avant cette Constitution , dont la vie ne peut du reste se prolonger au-delà d'un terme assez prochain , pour empêcher toutes les innovations capables de mettre obstacle à leurs projets ultérieurs. Ils savent fort bien que si une sage décentralisation eût existé le 24 février 1848 , le tour de main du prestidigateur fût resté impuissant à bouleverser la France , et même à lui inspirer des inquiétudes sérieuses.

IX.

« On nous fait une objection d'un autre « genre.

« Le délégué du conseil-général , assisté « de ses adjoints , chargé d'attributions con- « sidérables , élevé assez haut pour être vu « de tout le département , aura une impor- « tance qui pourra devenir dangereuse ; il « sera le rival du préfet , il sera au-dessus « du préfet.

« Ce danger ne nous paraît pas sérieux.

« L'administration départementale , très-im-
« portante sans doute , le serait moins que
« telle administration communale , comme celle
« de Marseille , par exemple , ou de Lyon ,
« ou de Bordeaux , qui dispose de sommes
« plus fortes , dirige des travaux et des éta-
« blissements plus considérables que ceux de
« la plupart des départements.

« D'un autre côté , le maire de chacune de
« ces villes a , en outre , des attributions pour
« ainsi dire politiques. Il a la mission de
« veiller à l'ordre général , il fait des régle-
« ments de police , il commande la garde natio-
« nale. Le délégué du conseil-général n'aurait
« que des attributions purement municipales ,
« et nul contrôle sur les administrations com-
« munales des départements ; la politique, la
« police générale lui seraient étrangères.

« Si l'expérience a prouvé que le maire de
« l'une de ces grandes villes pouvait être un
« homme du pays, nommé au moins indirec-
« tement par ses concitoyens, sans faire courir
« de dangers au Pouvoir central , comment le
« délégué du conseil-général , n'ayant que des

« attributions municipales , sans pouvoirs po-
« litiques , pourrait-il inspirer des inquiétudes
« sérieuses ? Si les maires de Lyon , de Mar-
« seille , de Bordeaux , de Rouen , n'ont pas
« rejeté dans l'ombre les préfets résidant dans
« ces villes , pourquoi les délégués des dé-
« partements du Rhône , des Bouches-du-
« Rhône , de la Gironde et de la Seine-Infé-
« rieure , ne pourraient-ils exister auprès des
« préfets , sans leur faire courir les dangers
« que l'on craint ?

« D'ailleurs , ce danger est impossible. Nous
« ne prétendons pas laisser les conseils-géné-
« raux et leurs délégués sans contrôle. Les
« préfets, assistés des conseils de préfecture ,
« exerceront à leur égard les mêmes droits de
« haute surveillance qu'ils exerceront sur les
« conseils municipaux et les maires des com-
« munes , et la prééminence des préfets sera
« attestée et conservée par leurs attributions
« supérieures.

« Sans doute , il serait plus que jamais
« utile et nécessaire au gouvernement lui-
« même de ne nommer aux préfectures que

« des hommes considérables par leur mérite ,
« leur sagesse , par tout ce qui exerce une
« juste influence sur les populations. Mais cette
« nécessité même serait un bien , le gouver-
« nement serait débarrassé de ces médiocrités
« ambitieuses qui , ne pouvant supporter la
« comparaison avec les autorités élues par les
« citoyens , n'apporteraient au gouvernement
« aucune force et diminueraient la sienne.

« Les grands pouvoirs , d'ailleurs, donnés aux
« préfets , exigeraient une plus grande sévérité
« dans les choix.

« La haute tutelle de l'Etat , dans les dé-
« partements , serait exercée par les préfets ,
« et le Pouvoir central ne pourrait attirer les
« affaires à Paris que dans des cas très-gra-
« ves. En outre des avantages de cette mesure,
« que nous avons développés plus haut , on
« aura celui de rehausser , auprès des popu-
« lations , l'importance des préfets. Aujour-
« d'hui , ils ne sont trop souvent que les
« instruments passifs d'un immense Pouvoir ,
« sans aucune influence par eux-mêmes , de
« sorte que dans les moments difficiles , ils

« n'apportent aucune force au gouvernement,
« par une raison bien simple : il ne leur a
« jamais laissé prendre que celle qu'il leur
« communiquait.

« Pour augmenter encore la haute influence
« des préfets, ôter aux ministres le fardeau
« et la responsabilité d'une partie du person-
« nel subalterne, arrêter un peu le fléau so-
« cial des déplacements continuels et des sol-
« licitations incessantes, les préfets, comme
« représentants du Pouvoir central, pourraient
« être chargés de nommer plusieurs fonction-
« naires d'un ordre inférieur ; mais cette idée
« ne rentre pas dans l'objet spécial qui nous
« occupe, et nous avons suffisamment fait
« comprendre que le délégué du conseil-géné-
« ral ne fera courir aucun danger ni au gou-
« vernement ni au préfet. »

Nous ne saurions partager l'avis de l'honorable M. Raudot, relativement à la nomination
de certains fonctionnaires ; c'est une question
très-grave, que nous avons toujours considérée
comme inséparable de la décentralisation, précisément pour obvier en partie aux inconvé-

nients qu'il a signalés avec tant de raison. L'existence de tous les agents, placée dans la main du Pouvoir central, se comprend fort bien en admettant l'ordre de choses actuel, puisque tous ont une même origine et que tous agissent sous l'influence d'une pensée unique, d'où naît, d'une manière bien naturelle, cette facilité extrême à renverser le gouvernement, quand il suffit de briser le moteur principal pour mettre obstacle au mouvement de tous les autres ressorts. Mais, avec la décentralisation, il ne devrait pas en être ainsi ; comment espérer d'ailleurs que les administrateurs populaires des diverses Communautés, puissent agir librement et obtenir de bons résultats en s'adressant à des fonctionnaires sous leurs ordres, auxquels ils n'auraient pas donné leur confiance ? Nous voudrions donc que les agents directs de chaque Communauté secondaire fussent au choix de l'administration locale, sauf l'approbation du représentant de la Communauté supérieure et le droit à lui réservé de suspension dans certaines circonstances qu'on pourrait ultérieurement définir.

Il est encore une objection que nous avons

entendu faire, et à laquelle nous croyons facile de répondre ; c'est qu'il serait à craindre de voir, par la suite, certains départements, entraînés dans un intérêt privé, se laisser aller au désir de secouer le joug de l'unité. Cette appréhension nous paraît sans fondement. Les intérêts des départements sont tellement variés, que jamais il ne s'en rencontrera deux d'accord pour une si folle entreprise, et d'ailleurs, quand même cela arriverait, la force ne serait-elle pas là pour les faire rentrer dans le devoir, et la répression serait alors légale.

Les partisans de la centralisation peuvent même mettre en avant mille autres objections, mais elles tombent naturellement devant la seule pensée qu'il faut avant tout apporter des entraves au débordement des révolutions, qu'il faut faire renaître l'esprit public presque généralement détruit, et que la mise en œuvre des administrations populaires est seule susceptible d'apporter ces sages améliorations.

Nous avons omis, comme on a pu s'en apercevoir, de faire mention des Communautés d'arrondissement ; nous les avons passées sous silence, car nous n'en voyons pas l'utilité, et nous croyons, au contraire, qu'elles pourraient être avantageusement remplacées par la Communauté cantonnale, dont on élargirait les attributions et qui se trouverait d'une administration plus facile à cause de son moins d'étendue. A la tête du canton, figurerait un conseil électif, chargé de choisir annuellement un délégué, auquel il confierait la mise en œuvre des délibérations, prises au sein de réunions, qu'il serait convenable de rendre aussi fréquentes que possible. Il suffirait alors, pour que ces délibérations fussent exécutoires, de les adresser au tribunal administratif du département, qui, après les avoir examinées, les soumettrait à la simple approbation du préfet, sans que jamais ces formalités pussent entraîner un délai de plus d'un mois.

Telle serait aussi à peu près la marche que nous souhaiterions voir adopter pour les Communautés inférieures, c'est-à-dire celles des communes. Leur organisation du personnel est établie sur des bases auxquelles nous verrions cependant sans regret, pour le présent du moins, apporter quelques modifications restrictives ; mais, en même temps, nous voudrions qu'on étendit leurs libertés et qu'on leur rendît l'exercice de droits dont on les a injustement privées.

Il ne s'ensuit pas delà que l'autorité unitaire, politique, législative et administrative, dût rester impuissante en face de ces administrations populaires ; nous entendons, au contraire, qu'elle conservât en toutes circonstances la faculté d'une stricte surveillance et qu'elle fût fortement armée pour la répression des abus.

Surveiller et juger, nous ne saurions le répéter trop souvent, c'est véritablement gouverner.

VIII

La Monarchie, en suivant les errements de l'Empire, très-convenables quand ils s'appuyaient sur un bras nerveux, mais inconciliables avec la faiblesse, a elle-même préparé sa ruine. La centralisation ne peut vivre sans l'absolutisme, en dehors de l'absolutisme, son seul moyen de se soutenir, c'est la corruption. La centralisation a fait 1830 et 1848, elle nous ramènerait 93, à n'en pas douter, malgré tous les efforts imaginables pour y mettre obstacle. La nouvelle République nous a apporté une sage réforme, que peut-être nous

n'avons pas encore pu justement apprécier ,
c'est le vote universel ; mais cette réforme doit
avoir pour mission de nous en procurer d'autres
non moins importantes , au premier rang desquelles nous ne craignons pas de placer la
décentralisation.

La décentralisation peut seule fonder une
société mutuelle d'assurances contre les chances
des révolutions périodiques.

La décentralisation doit naturellement con--
duire à diminuer de moitié cette armée de
fonctionnaires publics qui pèsent d'une manière
si lourde sur le budget.

La décentralisation peut seule entrer dans des
voies économiques , seule elle peut rétablir l'é-
quilibre de notre systême financier et nous
sauver de la banqueroute.

La décentralisation doit rendre inutiles toutes ces banques de crédit, destinées , dit—on ,
à protéger l'agriculture. Elle doit être favorable au commerce et donner un nouvel élan
à l'Industrie en lui présentant un avenir de
sécurité.

La décentralisation , ennemie de toutes les menées ténébreuses doit forcer le gouvernement à entrer dans la voie d'une politique franche et loyale , et le contraindre à se faire estimer à l'intérieur , à se faire respecter au dehors.

Nous n'ignorons pas , malgré tous ces avan - tages , combien , avant de s'établir , elle rencontrera d'adversaires puissants. Tous les hommes attachés au timon de l'Etat sont les partisans du système qui nous gouverne , soit parce qu'ils ne se donnent pas la peine d'en calculer les charges accablantes , soit , comme nous ne craignons pas de le répéter encore une fois , parce qu'il remplit suffisamment leur ambition sous le rapport des honneurs , soit parce qu'il satisfait leur intérêt privé. Ces deux derniers motifs sont malheureusement , à notre triste époque , le fondement sur lequel s'appuie d'ordinaire tout le patriotisme. Et , que peut-on attendre d'un semblable patriotisme , quelles garanties peut-il donner , quelle confiance peut-il inspirer ? En vérité n'est-il pas permis de désespérer d'un peuple arrivé à ce point de dépravation.

14

Que les fauteurs de désordre, que les esprits inquiets et turbulents, que les ennemis de la société soient les adversaires de la décentralisation, cela est tout naturel. Barbès ne disait-il pas à Bourges : « Moi, républicain, « j'aurais appelé Paris une ville infâme !... « Paris qui a fait le 14 juillet 1789, Paris « qui a fait le 30 mai, le 24 février 1848 ; « Paris qui chasse les rois ; Paris la ville « par excellence, la capitale de la Démocratie ! « Cela n'est pas possible ; c'est une infamie. « J'en appelle à la France entière et je lui « demande si un républicain peut appeler « une telle ville une ville infâme, quand « c'est sur elle que nous comptons pour faire « accepter ou *imposer l'égalité* à ceux qui « n'en veulent pas. »

M. Ledru-Rollin, avec toute l'impudence d'un chef de club, ne disait-il pas aussi, dans la même circonstance : « Croyez-vous que les « révolutions se fassent en disant le mot pour « lequel elles se font. Il suffit de s'emparer de « toutes les circonstances qui peuvent émouvoir « l'opinion publique, et, à *l'aide d'un tour* « *de main*, on renverse le gouvernement. »

Nous disons, nous : La décentralisation une fois parvenue au point où nous avons l'espoir de la voir arriver, si la société peut sortir de l'impasse où l'on s'efforce de la refouler chaque jour, mettra une barrière infranchissable aux brutales révolutions d'une démagogie effrénée. Nous disons, nous, qu'un gouvernement établi dans de telles conditions, eût-il même à sa tête un chef héréditaire, serait le plus juste, le plus sage, le plus solide de tous les gouvernements démocratiques.

La décentralisation administrative est aussi inséparable du système représentatif, que la centralisation est inhérente au Pouvoir absolu ; vouloir priver le gouvernement populaire de la base fondamentale de son existence est une erreur matérielle, dont nous pensons avoir fait pleinement ressortir les conséquences dangereuses. Il n'y a pas à balancer, si la France veut rester en tutelle sous la main de l'Etat, elle n'a de la République que le nom ; elle doit s'attendre tôt ou tard à s'incliner sous les coups de l'anarchie, ou à devenir la proie du despotisme. Nous nous résumons : Deux voies de salut sont ouvertes ; on peut choisir, il en est temps encore, ou le gouvernement sincère et loyal du pays par le pays, ou la Monarchie absolue.

FIN.

Le Mans, Imprimerie de GALLIENNE, rue de la Paille 10, 1850.